K.G. りぶれっと No. 44

社会起業を学ぶ
社会を変革するしごと

山本隆・武田丈 ［編］

iii

目　次

はじめに　1

序章　「社会問題を解決する」という生き方　9

第I部　概要編　社会起業の理論的枠組み　21

第1章　社会起業が注目される社会経済的背景　23

1 はじめに ──伝統的共同体の力の弱体化
2 家族機能の社会代替と相対的貧困
3 政府への不信と構造的課題
4 企業が社会的活動を行う意味

第2章　社会起業とは何か　35
日本における社会起業

1 はじめに
2 社会起業はどのように語られてきたのか
3 社会起業とは何か ──活動を考えるうえでのいくつかの視点
4 社会的課題解決のための行政のパートナーとしての社会起業
5 おわりに

第3章　世界の社会起業　51

1 はじめに
2 国際比較 ──アメリカ、イギリス、イタリア、韓国4か国の比較
3 社会起業の肝、ソーシャル・イノベーション
4 まとめ

第II部　事例編　各国での社会変革へ向けた活動　69

第4章　ICTを基盤とした少子高齢化問題への対応　71

1 少子高齢化とICT化
2 ICTと情報を活用した少子高齢化問題への対応
3 社会起業によるICTと情報の活用

第5章 スポーツを活かしたまちづくり 81

1 マネジメントの意味と手段としてのスポーツ
2 スポーツマネジメントの意義と目指すべき方向性
3 まちの現状とこれからのまちづくりに必要なもの
4 触媒装置としてのスポーツ
5 触媒装置としてスポーツが機能するために
6 スポーツを活かしたまちづくりの事例
7 今後の課題

第6章 高齢者の暮らしづくりと社会起業 95
過疎の島におけるNPO法人の取り組みを事例として

1 超高齢社会における高齢者のイメージと実際
2 高齢者の暮らしと居場所づくり
3 宮古島市池間島の高齢者とNPO法人いけま福祉支援センターの実践
4 まとめと今後の課題

第7章 東アジアにおける社会的企業の現状と課題 111
香港と台湾の発展からの考察

1 はじめに
2 香港の社会的企業
3 台湾の社会的企業
4 おわりに ——香港と台湾の比較

第III部 実践編 社会起業のプロセス 127

第8章 社会起業のテイクオフ 129
機会の発見から社会起業の創出へ

1 機会の発見
2 社会起業の背景（産学官連携事業）
3 「長野でかがやく農業女子応援事業」の取り組みと活性化事業事例
4 理論的背景（先行研究のレビュー）
5 社会起業と「新しい組織」の関係性の発展
6 発見事実
7 社会起業の課題と更なるディスカッション

第9章 社会起業の持続性と社会的インパクト 143

1 なぜマネジメントが必要なのか
2 どうすれば規模を拡大できるのか
3 どのように社会起業を評価するのか

おわりに 155
索 引 157

は じ め に

社会貢献への意識の高まり

　日本で、社会貢献への意識が高まっている。内閣府「社会意識に関する世論調査」（2015 年 1 月調査）によれば、「何か社会のために役立ちたい」と思っている人たちの割合は 66％にも達している。また東日本大震災以来、社会起業への関心もさらに強くなっている。

　社会起業は、社会問題の解決とビジネスの発想を融合させて、貧困や格差社会、教育問題、環境汚染などの社会問題の解決を目指す事業体をいう。それは巨額の借金を抱える政府が歳出削減に動くなか、補助金に頼らずに、民間の手法をいかして事業収入を増やし、自律的な組織を志向している。

　その組織形態は、特定非営利活動法人（NPO 法人）、株式会社、協同組合などさまざまである。大きな特徴は、活動で得られた利益を将来の事業運営に還元することである。社会起業においては「社会性」「事業性」「革新性」の 3 つの魂が混在するとされている。[1]

社会起業は社会問題の意識づけから始まる

　何より社会起業は、社会問題の意識づけが大切である。社会問題とは、社会の欠陥や矛盾から生じる諸問題をいう。

　どの時代にも、どのような社会にも、社会問題は存在してきた。近代的意味における社会問題の発生は、資本主義（capitalism）に根ざす生産様式の確立によって賃金労働者（wage laborer）が出現したことに端を発する。その内容は、労働問題、都市・農村問題、人口問題、住宅問題、人種問題などさまざまである。20 世紀には、福祉、健康、教育、貧困、環境、社会病理といわれる領域、さらには交通事故や公害などの災害問題が加わっ

て多岐にわたるようになった。

　私たちの周辺に目を向けても、所得や生活水準の格差が大きくなっており、「生きづらさ」が深刻になっている。社会で注目を集める社会問題に当面の対策がとられる一方、根本的な問題解決にまでは至っていない。少子高齢化、非正規雇用の拡大、また血縁・地縁・社縁など人々の絆の希薄化が進んでおり、さまざまな格差を生む社会になっている。社会的排除や生きづらさについて、社会への発信を広めることで、社会起業が次々と生まれている。厳しい社会状況であるが、社会起業は少しずつ輪の広がり（スケールアウト）を見せ始めている。

　社会起業の学びにおいては、社会問題に精通することがことさら重要であり、社会問題の解決の想いからすべてが始まるのである。社会問題を真に理解するには、社会的なアンテナを広げ、若いころに自分の価値を見いだすことである。社会起業の想いを育みながら、自分の行う活動の意味を問い、社会問題の本質を把握し、問題解決の方法論を集団的に開発することで、社会起業の道筋が開けてくる。

「社会性」とは何か

　社会起業においては「社会性」「事業性」「革新性」の３つの魂が混在すると述べたが、社会起業における「社会性（ソーシャル）」とは何だろうか。

　その答えは社会的価値（social value）の創造ということになる。「価値」「バリュー」という言葉は経営学でもよく使われる。社会起業の場合、社会的価値は、ずばりソーシャル・インクルージョン（社会的包摂）である。ソーシャル・インクルージョンの実現への行為のなかで、社会的価値は見いだされる。

　ソーシャル・インクルージョンとは、社会的に弱い立場にある人々を排除・孤立させるのではなく、共に支えあって生活していくという考え方である。人間福祉学で扱う問題でいえば、子どもや若者の社会参加への導き、障がいを持つ人たちの就労への支援を指す。

この「社会性」を社会起業の活動や組織形態に翻訳すれば、以下の4つの要素になる。[2]

①労働／生活状態の改善

②社会起業の運営での民主的ガバナンス

③社会起業活動から得られた利益の共有

④社会起業の持つ資産の共同所有

「労働／生活状態の改善」は、人々の働き方、暮らしを少しでも良くするように働きかけることである。

「民主的ガバナンス」は、組織にかかわる者すべてが平等な立場で意思決定することである。ワンマン経営は認められない。

「利益の共有」も、出資者だけに還元するのではなく、いわゆるステークホルダー（関係当事者）すべてに利益を分かち合うことをモットーとする。

最後に、「資産の共同所有」は、個人ではなく、コミュニティが所有権を持ち、誰もが自分の持ち物として利用できる形態を指す。[3]

ここで、エピソードを紹介したい。イギリスのヨーク市のあるパブ（居酒屋）が閉店に追い込まれた。憩いの場であるパブを手放せないとして、住民がそのパブを再建しようとした。そのパブはよみがえり、住民のもの、住民の所有となったのである。ある日、住民はパブで映画の上映会を企画した。その映画はカンヌ映画祭最高賞パルムドールに輝いた「私は、ダニエル・ブレイク」（ケン・ローチ監督）であった。ストーリーは、主人公ダニエル・ブレイクが病院の検査で心臓疾患と診断されることから始まる。彼は働けなくなったことで社会保障を受けようと市に相談するが、なかなか資格が得られない。社会保障の仕組みが生活困難な人たちにみじめさを味わわせ、人間の尊厳を奪い取ろうとする現実を告発した映画である。ダニエル・ブレイクを演じたデービー・ジョーンズ氏が、その上映会に参加し、パブに集まった人たちと大いに盛り上がったという。住民所有のパブで、住民が自主企画をし、住民が仲良く集い、仲間意識を強めた姿が目に浮かぶ。このエピソードは、資産の共同所有、運営面での民主的ガバナンス、利益の共有、生活状態の改善（憩いの場の確保）の好例である。

「事業性」とは何か

　社会起業における「事業性」とは何か。その答えは、組織を持続させるための収益性の追求である。社会起業は、先にもふれたように、国や自治体からの補助金に可能な限り頼らず、資金を自力で稼ぎ出しながら、公共性の高い事業に取り組むのが信条である。スタッフなどの人件費を捻出するためには、収益の確保は欠かせない。

　ただし収益性はあくまで手段であって、目的そのものではない。収益を自分のものにしてしまえば、それは単なる営利組織であり、社会問題解決のコーズ（cause：主義主張）は成り立たない。

　では、どのようにして社会起業の持続可能性を生み出せるのだろうか。それを保証するには、戦略的経営が必要になってくる。戦略的経営の条件は、先の「社会性」と重複するが、以下のとおりとなる。

・明確な社会的目的を持つこと、
・社会的目的を達成するために、商取引を意味する「ビジネス」の手法を採用し、効率性や持続性を追求すること、
・製品やサービスを生産し、市場に提供すること、
・雇用の創出、訓練または地域サービスを供給すること、
・社会的次元に立って、個人に利潤を配分しないこと、
・社会の利益のために、資産と富を社会的に共有すること、
・組織のガバナンスとして、メンバーを民主的に参画させること（山本2014：46）。

　たとえ採算性をすぐに見通せなくても、コストと売り上げを意識することで持続的な経営や成長を目指し、引いては社会問題の解決に寄与できる。

　また、社会起業の資金源も重要になる。資金は人体に例えれば、血液のようなものである。経営リスクを考えた場合、それは多様で分散した形が望ましい。

　事業資金は複数の要素の組み合わせとなり、図1のようになる。すなわち、本業からの事業収入、行政からの受託事業収入、助成金・補助金、融資、会費などの歳入補助、そして寄付がある。一部は純粋に収入であり、

図1　社会起業の資金源

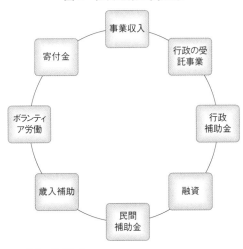

出所：筆者作成

その他は経費回収のための資金となる。

創業当初では、組織が補助金、委託事業、融資の間で揺れ動く時期が想定される。"混合型収入"が、創業期から発展期にかけて変動するのは当然である。この混合型収入と事業の性格とを常に考えておく必要がある（山本 2014：57）。

社会起業活動の評価のポイント

最後に、社会起業活動の評価について考えてみよう。どのような基準で、多彩で個性ある社会起業活動を評価すれば良いのだろうか。そこでは、3つの基準が考えられる。

①ビジネスモデル（社会的課題のソリューション、収益性、独創性、差異化）
②起業ガバナンス（リーダーシップ、実行力、実績）
③社会的価値（共感、ソーシャルインパクト）

「ビジネスモデル」とは、ずばり何で稼ぐかを意味する。当然、収益性が

表1　社会起業活動の評価基準

項目	内容
ビジネスモデル	社会的課題のソリューション、収益性、独創性、差異化
起業ガバナンス	リーダーシップ、実行力、実績
社会的価値	共感、ソーシャルインパクト

出所：筆者作成

コアとなる。繰り返しになるが、収益が確保されて、事業の持続性が可能となるのである。

「ガバナンス」は、リーダーやメンバーを中心とした内部統制が問題となる。基本は、民主的ルールの下でメンバーが自由闊達に運営方針を決めていくことである。

「社会的価値」は、先にも示したとおり、コミュニティの利益を尊重し、誰も排除しない共生社会の構築に価値を見いだす要素である。共感度も入ってくる。

なお、「革新性」も最も重要な項目の１つであるが、第３章で説明しているので、ここでは割愛する。

学びの道筋

最後に、社会起業を目指す人たちのために、学びの道筋を示しておきたい。マクロレベルではやはり福祉国家を理解する必要がある。社会問題の発生やその解決は、最終的に国家の課題だからである。メゾレベルでは、「交換」のネットワークを通じて、提供者と利用者がかかわりを持つことになる。難しい言葉であるが、福祉多元主義、社会的経済、社会的企業の営みを理解する必要がある。ミクロレベルではソーシャル・マーケティング、ソーシャル・ファイナンスが活動のスキルとなる。ソーシャル・マーケティングとは、社会を変革する技法、個人の生活様式を変える技法である。ソーシャル・ファイナンスは、金融排除を生み出さない社会貢献型の資金援助スタイルである。最後に、社会起業活動の評価測定の方法論を学

んでいくことになる。これには質的評価と量的評価の2つがある。これら
の学びを通して、果敢に社会起業のテイクオフを試みて欲しい。

注

(1) 「社会性」「事業性」「革新性」を提唱したのは谷本（2006）である。

(2) 山本（2014）を参照されたい。

(3) ソーシャル・アントレプレナーシップという文脈で、社会起業を語っているのは
Nicholls（2006）である。広くアントレプレナーシップを理解するには、忽那憲治・
長谷川博和・高橋徳行・五十嵐伸吾・山田仁一郎（2013）が分かりやすい。

【参考文献】

忽那憲治・長谷川博和・高橋徳行・五十嵐伸吾・山田仁一郎『アントレプレ
ナーシップ入門 ——ベンチャーの創造を学ぶ』有斐閣、2013年。

谷本寛治編著『ソーシャル・エンタープライズ ——社会的企業の台頭』中央経
済社、2006年。

内閣府「社会意識に関する世論調査」2017年、https://survey.gov-online.go.jp/
h26/h26-shakai/2-1.html（検索日2017年11月4日）。

山本隆編著『社会的企業論 ——もうひとつの経済』法律文化社、2014年。

Nicholls, A.（ed.）*Social Entrepreneurship*, Oxford, 2006.

序章

「社会問題を解決する」という生き方

　本書の読者の多くは、高校生や大学生を中心とした若者であろう。皆さんは35歳になったときの自分を想像したことがあるだろうか。今から15年近く経った時、自分は何をしていたいだろうか。専業主婦（夫）にならない限り、たいていの人は企業人、公務員、専門職、自営業、会社経営者、フリーターなど、何らかの仕事をして、自分、あるいは自分と家族を養うために生活費を稼がなければいけない。

　35歳の時の自分の仕事。毎朝、やる気満々で仕事に向かっているだろうか。あるいは生活費を稼ぐためだけに仕事にむかっているだろうか。

　35歳の時の自分の生活。仕事によって満たされているだろうか。それともそれ以外の何かで満たされているだろうか。

　自分や自分のパートナー、あるいは自分の子どもの幸せのために仕事をすることは、とても大切なことである。だけど、どうせ何十年も働き続けるのであれば、自分や自分の家族の幸せのためだけでなく、社会全体の幸せにつながるような仕事、世の中にあるさまざまな問題の解決に結びつくような仕事をしたいとは思わないだろうか。勤務先の業績を上げるためだけに一生懸命働いて疲れ果て、ほかの人にいつでもとって変わられるような仕事に一生を捧げるより、自分自身がやりがいを感じて毎日取り組め、既存の解決法ではなく柔軟で新しい自由な発想でみんなが幸せになるように社会問題に取り組み、その結果多くの人からも感謝されるような生き方をしたいとあなたは思わないだろうか（今 2008）。

1990 年代以降、世界各地で社会問題を解決することを目指して行うビジネスである社会起業やソーシャル・ビジネスといわれるものに注目が集まっている。「起業」と聞くと、「ホリエモン」や「金儲けを最優先するベンチャー企業」をイメージする人がいるかもしれないが、社会起業とは貧困や環境破壊といったさまざまな社会問題の解決を目指したビジネスである。ベンチャー企業がどれだけ利益を上げたかで評価されるのに対して、社会起業はソーシャルインパクト、つまりどれだけ社会問題の解決に貢献したかが利益よりも優先されて評価されるのである。社会起業の詳しい説明は第Ⅰ部にまかせるとして、ここでは社会起業を「社会を変える仕事」「事業を通して社会を変革するもの」「社会に新たなビジョンを提起するもの」（山本 2010）としておこう。この社会起業を行う人たちことを社会起業家というのだが、世界的な雑誌である『Newsweek』の日本版は、今から 10 年以上も前の 2007・7・18 号で「世界を変える社会起業家 100 人」という特集を組み、「社会起業家は今やあらゆる場面で脚光を浴び、社会起業家こそが社会問題の解決と事業の運営を両立する新世代のリーダー」であるとしている。それ以降も、多くの雑誌、書籍、テレビなどの各種マスメディアでも取り上げられているので、「社会起業（家）」「ソーシャル・ビジネス」「社会的企業」といった言葉を耳にしたり、目にしたりしたことがある人も少なくないであろう。

意外と身近な社会問題

　社会起業ときいても、「ふーん、そんな生き方もあるんだ」「なんか大変そう」「社会問題？　自分とは関係ないや」と思っている人も少なくないかもしれない。でも、社会問題は意外と自分の生活と密接に結びついているものである。

　皆さんは、毎朝コーヒーを飲むであろうか。あるいは休みの日にカフェで、友だちとカプチーノやキャラメルマキアートを飲みながら話をしたりしないだろうか。実は、私たちがコーヒーを飲むことで、開発途上国に社会問題を引き起こしている可能性があることを、あなたは知っているだろ

うか。先進国の私たち一般の消費者の多くは、開発途上国においてこの
コーヒーが環境破壊に結びついてしまうような形で栽培されているという
ことを知らない（池本・松井 2015）。「環境破壊しているのは開発途上国で
コーヒーを栽培している農民たちであり、自分たちはただコーヒーを買っ
て飲んでいるだけ」と言って、自分たちは環境破壊には加担していないと
言い切れるだろうか。私たちが「安くて美味しい」コーヒーを求めるから
こそ、コーヒーの値段が買いたたかれる。その結果、収入が減った農民た
ちは環境に配慮してコーヒーを栽培する余裕がなくなり、生産性を高める
ために必要以上の農薬を使用し、結果的に環境破壊をせざるを得なくなっ
ているのかもしれない。もしそうだとしたら、私たちの「安くて美味しい
コーヒーを求めるという消費行動」が環境破壊の一因であり、私たちもこ
の問題の「加害者」だといえるのではないだろうか。

　ではどうしたらこの環境破壊という社会問題を解決できるのだろうか。
1つの解決法が、社会起業の1つであるフェアトレードである。フェアト
レードとは、開発途上国の原料や製品を買いたたくのではなく、適正な価
格で継続的に購入することで、立場の弱い開発途上国の生産者や労働者の
生活改善と自立を目指す「公平な貿易のしくみ」である。生産者が美味し
くて品質の良いものを作り続けていくためには、生産者の労働環境や生活
水準が保証され、また自然環境にもやさしい配慮がなされる持続可能な取
引のサイクルを作っていく必要がある。それを可能とするのが、フェアト
レードである。最近では、大手スーパーのコーヒーやチョコレートのコー
ナーでフェアトレード商品を見かけたり、フェアトレードの小物や衣服を
専門に販売する店舗を街角で目にしたり、フェアトレード商品をネット販
売しているサイトに出くわしたりしたことがある人も多いであろう。

社会問題の解決に必要なソーシャル・イノベーション

　フェアトレードは、環境問題や、開発途上国と先進国との間の経済格
差、いわゆる南北格差といった社会問題の解決を目指したビジネスであっ
た。残念なことに、私たちが生きる世の中には、図 0-1 が示すように、環

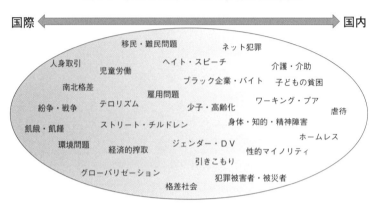

図 0-1　私たちの周りにある多様な社会問題

出所：筆者作成

境問題や南北格差のような国際的な課題から、子どもの貧困や虐待といった国内の問題に至るまで、実にさまざまなものが存在する。

　もちろんこうしたさまざまな社会問題の解決は、社会起業だけが担うものではない。たとえば、国内の貧困問題であれば、国や自治体が国民に対して健康で文化的な最低限度の生活を保障する公的扶助制度があり、各自治体の福祉事務所が窓口となって経済的困窮者に対して生活保護費を支給している。また、ホームレスの人たちに対しては、ボランティア団体や教会といった民間団体が炊き出しなどのサービスを提供している。では、どうして社会起業が必要なのであろうか。1つは、貧困問題といっても日々の衣食住の確保だけでなく、就職や就職に向けての職業訓練、社会における偏見や差別、障がいや精神疾患を含む健康問題など多岐にわたっており、公的扶助制度だけではすべての問題をカバーすることが難しいからである。また、経済的困窮に苦しむ人の中には、さまざまな理由で公的扶助制度を利用したくない、あるいはできない人たちも存在する。こうした人たちに対しては民間団体のさまざまなサービスがあるのだが、民間団体の活動はボランティアに依存していたり、毎年財団などに申請して採択されないともらえない活動助成金に依存したりしているため、継続的に質の高い支援を提供することが難しい。さらに、これも第Ⅰ部で詳しく解説する

が、これまで社会問題を中心に担ってきた行政が世界的に縮小化の傾向にあり、社会問題の取り組みの活動を民間委託するという流れも合わさって、ビジネスとして事業収入を確保しながら、また場合によっては助成金なども活用しながら、事業として社会問題の解決を目指す社会起業が台頭してきたのである。

　ただし、ビジネスとして採算をあげながら、社会問題の解決を目指すことは容易ではない。行政も取り組まない社会問題を、営利企業もやらない新しい発想のビジネスモデルを用いて取り組まなければならないのである。つまり、社会起業には「革新性」、いい換えるとソーシャル・イノベーション（社会的な変革＝社会問題に対する革新的な解決法）が必要なのである。たとえば貧困問題に取り組む社会起業として、ホームレス状態を生み出さない社会を目指す NPO 法人 Homedoor（ホームドア）(http://www.homedoor.org/) がある。関西学院大学人間福祉学部社会起業学科 3 期生（2014 年 3 月卒業）であった松本浩美さんが事務局長つとめるこの団体は、シェアサイクル事業の「HUBchari」などの事業を通じてホームレスの人たちや生活保護受給者ら計 160 名以上に就労支援を、600 名以上に生活支援を提供している。Homedoor の理事長の川口加奈さんが大学生時代に、ホームレスの人たちを支援の対象者としてみなすのではなく、こうした人たちの持っている自転車修理の技術を生かしてビジネスをできないかという発想から生まれたのが、大阪市内の 9 拠点のどこで借りても、どこで返してもいいシェアサイクル事業である。しかも、この HUBchari は、ホームレスの人たちに雇用の機会を提供するだけでなく、違法駐輪などの自転車問題の解決にもつながるうえ、ホームレスの人たちに「単に支援される側」ではなく「自転車問題を解決する側／支援する側」にまわってもらうことによって、より働きがいを感じてもらうことが出来ているのである。

　Homedoor が自転車修理というホームレスの人たちの「強み」を活かすことでソーシャル・イノベーションを生み出したのに対し、日本でさまざまな課題に直面しながら暮らすアジア人女性たちの「強み」を生かして事業を展開するのが、関西学院大学人間福祉学部社会起業学科 1 期生（2012 年 3 月卒業）だった黒田（旧姓　奥）尚子さんが店長をつとめるアジアン

食堂バル SALA（https://www.facebook.com/kobeasiansala/?fref=ts）である。年々増加傾向にある日本で生活をする外国人。日本で暮らすアジア人女性の中には、差別や偏見、言語や文化の壁、国籍や在留資格による利用できる制度やサービスが制限されることなどで、さまざまな課題に日々向き合って生活している人たちが少なくない。外国人支援などの民間団体の支援を受けることの多いこうしたアジア人女性の「強み」とは何か。それは、それぞれの「母国料理の調理スキル」である。こうした女性たちは何十年間も母国や日本で家族のために毎日料理をしており、エスニック料理の「おふくろの味」を提供できるのである。この強みを生かして事業化したのが、神戸元町の中華街にある SALA であり、そこでは 4-5 人のアジア人女性シェフが日替わりで腕を振るっている。それまで 1 人で電車にも乗れなかった女性、自分の作った料理を他人がお金を出して食べてくれるなんて想像できなかった女性、日本で仕事に就いたことがなかった女性たちが、SALA にかかわって 1 人で電車に乗れるようになり、「美味しい」と言ってお客さんがお金を払って食べてくれる経験を通して、自信を取り戻していったのである。

社会起業を目指すには

ここまで読み進めてもらったら、少しは社会問題をビジネスをとして解決しようとする社会起業に興味を持ってもらえただろうか。ただし、会社勤めを敬遠して「駆け込み寺」のような感覚で社会起業をしようとしても、決して成功しない（小堂 2010）。なぜなら、誰も今まで取り組んでこなかった社会問題に対して、ビジネスとして採算をあげながらその解決を目指すのは簡単ではないからである。社会起業を成功させるには Compassion（人への思いやり）、Comprehensiveness（幅広い視野）、Competence（高度な問題解決能力）という 3 つの C が必要である。

最初の Compassion（人への思いやり＝共感）とは、社会、環境、人権など、地球規模の課題や地域社会の抱える課題のなかで、自分が「心から取り組みたい」「どうしても見過ごせない」「憤りを感じる」といったもの

を見いだすことができるかということである。言い換えると、特定の社会問題や課題に対して、自分が強い使命感をもって取り組めるかである。かつて私が教える社会起業学科に、開発途上国のストリートチルドレンたちの支援をしたいという学生がいた。この学生に「これまでにそうした子どもたちにかかわったことがあるの？」「実際にこれまでに開発途上国に行ったことがあるの？」と尋ねてみた。すると、その学生は「途上国は不衛生だし、危ないので行ったことがないし、これからも行こうとは思わないけど、ストリートチルドレンのことはネットや本で情報集めているから、ニーズは理解している」と答えたのであった。果たして、この学生は本当に Compassion を持っているといえるだろうか。本気で強い使命感をもって社会問題に取り組むのであれば、その社会問題を抱える人たちと一緒に時間を過ごし、その問題についてその人たちから話しを聞かせてもらい、その人たちの視点でその問題を考え、解決のために一緒に活動していこうとする姿勢が不可欠である。「問題を抱えるかわいそうな人たち」という同情のレベルや、「助けてあげる」という上から目線では、決してCompassion を有しているとはいえないし、社会問題の解決という社会起業のミッションを達成することは不可能である。先に紹介した SALA の店長をつとめる黒田さんは、学生時代に経営難に何度も直面し、学生ということで周りの人からなかなか信頼を得られず、さらに店のアジア人女性たちの間では文化や考え方の違いから口論も絶えなかったが、こうした女性たちとレストランをやっていくというミッション（使命）を決してあきらめなかった。それは、来る日も来る日もこれらのアジア人女性たちと一緒に過ごし、話し合い、活動するなかで、彼女たちの直面する問題を聞き、「問題を知った以上、一生やり続けなきゃ」という思いと、「支援する側とされる側という垣根を越えよう」というが姿勢が彼女たちに自然と伝わり、信頼関係を築いていくことに成功したからである。

　こうした強い Compassion をもって活動している黒田さんだが、「社長になりたいんです」といって入学してきた大学 1 年生の当時は、「社会起業したいのであれば、どんな社会問題に取り組みたいの？」と尋ねると、「……。」「社長になりたい」や「起業したい」というやる気はあったもの

の、取り組みたい社会問題というものに共感するまでには至っていなかった。この章の最初にも書いたように、日本の若者の多くにとっては、実は身近にある社会問題も、テレビやネット上の遠い存在なのかもしれない。だから Comprehensiveness（幅広い視野）を持つことが大切なのである。ただ日々大学で勉強し、友だちと楽しい時間をすごすだけでは、二十歳前後の若者が幅広い視野を身につけ、心から取り組みたいと思える社会問題を見つけることは難しいだろう。黒田さんは、大学に入ってから授業を通してさまざまな社会問題について学ぶと同時に、ホームレスや在日コリアンの集住地域、障がい者の作業所、フィリピンやベトナムといった途上国など、実際にさまざまな社会問題の現場を訪問し、直接問題を抱える人たちの話を聞き、一緒に時間を過ごすなかから、次第に日本で生活するアジア人女性の抱える問題に Compassion を抱くようになったのである。だから、是非社会問題の現場を実際に訪れて、自分の目や耳でその問題を感じてほしい。大学の授業やNPOが企画するフィールドワークやスタディ・ツアーがあれば是非参加しよう。講演会やワークショップもいいだろう。有料のものもあるけど、無料のものも学内外でたくさん開催されている。そうした情報はネット上にたくさん溢れているのだけど、自分がアンテナをはっていないと、つまり自分から探そうという意識を持たない限り、目には映らない。実は身近な社会問題が、自分とは関係は遠いどこかの国の問題としてしか認識されないのと同じである。

　Comprehensive（幅広い視野）を通して自分が Compassion（共感）を持てる社会問題を見出せたら、その問題の解決に向けてアクションを起こす必要がある。その際に必要となってくるのが、Competence（高度な問題解決能力）である。先述のように、社会起業には一般的にソーシャル・イノベーションが必要である。これがなければ、事業として社会問題に取り組むのが難しいからである。だからといって、自分１人が Competence を高めて、自分１人でソーシャル・イノベーションを生み出すことは容易ではないし、必ずしもその必要もない。もちろん、起業や事業運営に必要な知識や技術を授業、インターンシップ、研修などを通して身につけていくことは大切であるし、先述のようにその社会問題に関する知識を深めるこ

序章 「社会問題を解決する」という生き方　17

とは不可欠である。しかし、あなたに強い Compassion があり、事業の
ミッションが明確で、その問題の解決が社会にとって重要であれば、ソー
シャルメディアなどであなたの想いを発信し続けることによって、必ず支
援者や仲間が現れるだろう。そうした支援者、仲間、そして問題を抱える
人たちと一緒にミーティングをし、経験のある人にアドバイスをもらうこ
とによって、新しい発想の事業案を具体化していくことが可能となるので
ある（今 2008）。「夢を求めて声をあげれば、誰かが必ず助けてくれる」と
疑わず身を任せるという勇気を持てるか、これが社会起業には必要だとい
えるだろう（Albion 2006）。

社会起業は万能薬ではない！

　ここまで、事業を通して「社会問題を解決する」、あるいは「社会を変革
する」社会起業の魅力を紹介してきた。しかし、社会起業は決して万能薬
ではない。社会起業が世界の社会問題を解決してくれる救世主だという考
えは、「まやかし」である。斎藤（2004 pp. 4-5）は、社会起業家が直面す
る悩みやジレンマとして以下のことを紹介している。

　　世界的な規模で事業展開するグローバル企業に対抗して、「社会に良
　　いことをしている」というだけで競争してやっていけるのか？

　　ビジネスの繁栄と社会への貢献は、そもそも本当に両立できるのか？

　　社会や環境にやさしいビジネスというだけでニッチ産業と受け取ら
　　れ、ビジネス界のメジャーと見てもらえず、投資家や取引先を探すう
　　えで困難がつきまとう

　　NPO で働くことは尊い行為と思われているが、実際にはそれなりの
　　見返りがなくては続かないし、優秀な人材も集まらない。そこでビジ
　　ネス化を進めようとするが、今度は逆に、商業的と批判を浴びる結果

になる

　たとえば、障がい者に雇用の機会を提供する社会起業を考えてみよう。雇用機会にもっとも恵まれないのは重度の障がいがある人たちであるが、事業として持続的に活動していくには生産性を追求する必要がある。生産性を高めるためには、重度な人よりも、軽度の障がい者を雇用したほうがよいということになってしまい、もともとのミッションが達成されなくなってしまう。だからといって、「社会起業は夢物語だ」とも思わない。社会起業も含めて、行政、活動助成金や行政からの受託事業によるNPOの活動、ボランティア活動、一般企業のCSR活動、どれも一長一短がある。どれもその活動だけでは社会問題は解決することなどありえないけど、どれもが社会問題の解決の一助となっており、不可欠である。

　そうやって考えると、「社会起業家になること」「補助金や助成金に頼らないで社会問題の解決を目指す」ということ以上に、あなた自身がどの社会問題に対してCompassionを抱き、その社会問題を解決するためにどのような活動が必要かを考えることが重要だといえるであろう。その結果、それが行政の職員として制度を変えるということになるかもしれないし、財団からの助成金による途上国支援の活動にNGO職員として従事することもかもしれないし、ソーシャル・イノベーションによるビジネスかもしれない。つまり、社会起業を行うことが重要なのではなく、仕事の形態がどれであっても、社会問題の解決や軽減にどれくらい役立っているかということが重要だということに気づくであろう。

　フェアトレードの原料を使用したり、環境に配慮したりするなど、社会起業の先駆けとなる米国大手アイスクリームチェーン「ベン＆ジェリーズ」を共同設立したベン・コーエン（Cohen & Warwick 2006））は、20年後の自分を想像して、「いまやっていることをこれからもずっと続けていったとしたらどう感じるだろうか」「目的意識と達成感のある人生を送ったと感じられるだろうか」という質問を自分に問いかけてみるべきだと言っている。もしその答えが「ノー」であれば、人生において何が本当に大切なのかをじっくり考え、自分と自分の周りの人に最大限の満足感をもたらす

ように人生を生き、働けばよいと提案する。そして、「みんながそう考え、そうした仕事をしたら、きっと地球は良い方向にかわるはず」だと。

　さあ、あなたはこれからどんな人生を歩みたいだろうか。どんな仕事をしたいだろうか。これらのことを自分に問いかけながら、この本を読み進めていってほしい。

【参考文献】

池本幸生・松井範惇（編著）『連帯経済とソーシャルビジネス ──貧困削減、
　　富の再配分のためのケイパビリティ・アプローチ』明石書店、2015 年。
小堂敏郎『「社会に役立つ」を仕事にする人々 ──社会起業家という生き方』
　　洋泉社、2010 年。
今一生『社会起業家に学べ』アスキー・メディアワークス、2008 年。
斎藤槙『社会起業家 ──社会責任ビジネスの新しい潮流』岩波書店、2004 年。
山本繁『人を助けて仕事を創る ──社会起業家の教科書』TO ブックス、2010
　　年。

Albion, M. *True to yourself: Leading a values-based business.* Berrett-Koehler
　　Publishers, 2006（＝斎藤槙・赤羽誠訳『社会起業家の条件 ──ソーシャ
　　ルビジネス・リーダーシップ』日経 BP 社、2009 年）.
Cohen, B., & Warwick, M., *Value-driven business: How to change the world,
　　make money, and have fun.* Berrett-Koehler Publishers, 2006（＝斎藤
　　槙・赤羽誠訳『ソーシャルビジネス入門 ──「社会起業で稼ぐ」新しい
　　働き方のルール』日経 BP 社、2009 年）.

第 I 部 概要編

社会起業の理論的枠組み

第1章

社会起業が注目される社会経済的背景

1　はじめに――伝統的共同体の力の弱体化

　社会起業は、社会問題を解決する手段の1つである。それ自体が目的ではない。多くの解決手段の1つであることに注意しなければならない。その一方で、現代においてはもはや不可欠なものである。社会起業は、自主的な発意に基づき市民的ネットワークで支えられるという意味で非営利の組織やボランティア活動と共通しているが、営利組織であるので、持続可能性という点で特色があり、また事業拡大の伸張性があるという点で比較優位を持っている。その反面で、社会的活動がいわば看板であって、一種の隠れ蓑として悪用される可能性もないわけではない。そのような特徴を持った手段であることを十分に確認したうえで、その存在意義を問わなければならない。

　本書で社会起業のあり方を考えるにあたって、まず、本章では、現代における社会問題に共通するものは何かについて考える。それは副題で示したように、社会起業が注目されている社会的背景についてである。一言でいえば、伝統的な共同体が不可逆的に弱体化するなかで、政府による公共サービスによって対応するとしても、それだけでは解決できないほど状況が深刻になっており、民間部門であるボランティアや非営利組織である

NPO 等だけでなく、営利企業の力を借りなければならなくなっていることがある。

　以下で、共同体の弱体化を公共サービスで補完する必要が強まっている例を1つ挙げることで、導入部分としたい。保育所は伝統的な福祉施設がある。保育料という受益者負担はあるものの、基本的に税金で運営される公共サービスである。幼稚園は修学前教育を行う教育施設であるが、保育所は、親の事情から必要な保育を受けられない子どもを措置する施設として運営されてきた。そこでは、子どもを養育するのは基本的に家庭であって、経済的事情などの諸事情から子どもを養育する環境が十分に整わない家庭に育つ子どもへの福祉的ケアを行うことが目的であった。家庭が主たる保育の場であり、それを公共サービスである保育所が補完するという構図である。

　しかし、現代日本では、家庭の子どもを養育する力が、大きく低下している現実がある。保育所で育つ子どもに比べて、幼稚園に通う子どもの方がオムツ離れの年齢が遅れるといった現象も頻発している。家庭で子どもを育てるお母さんに、養育のあり方を支援する公的サービスの整備が急がれている。税金を財源に行う公共サービスで最低限のことはできたとしても、個々のニーズに応える支援はそれほどきめ細かくできるわけではない。虐待防止のための支援活動は、とりわけ都市部では、多くの部分が NPO 等によって担われている。発達障害に対する支援では、その分野を得意とする社会福祉法人が活躍している。家庭という基本的な共同体の力の低下という現実を直視すれば、民間部門が営利、非営利を問わず、社会的活動に参画し、画期的なサービスを行うというイノベーション（革新）を起こすことが求められている。伝統的共同体の力の低下に直面する現代社会では、社会的企業や社会起業が必要とされている。

2　家族機能の社会代替と相対的貧困

　国民負担（税負担と年金や医療保険などへの社会保障負担の合計）は小

さいものの、政府は外交や安全保障などの最低限の公共サービスしかしない考え方を小さな政府、国民負担は大きいが政府が社会保障サービスを充実させる考え方を大きな政府と呼ぶ。かつては、国民負担が大きな国は、労働意欲が減退したり企業が国外に逃げたりするので、経済活力が失われると考えられてきた。しかし、近年では先進国のなかで、国民負担率の高い北欧諸国の経済成長率が目立って低いということはない。社会保障を充実させることは、国民の将来に対する不安を解消するので、かえって労働意欲をかき立てるという見方もある。

わが国は、かつては小さな政府をめざしていた。2001 年に発足した小泉純一郎政権は、構造改革によって小さな政府を実現し、日本経済に活気を取り戻す政策を志向した。しかし、その後の政権では、消費税の引き上げを通じて社会保障財源を確保し、社会保障サービスの充実のためには国民負担を引き上げることはやむを得ないという考え方に転じている。

増税によって社会保障充実のための財源確保という場合には、その中心になるのは、公的年金や公的な医療保険、介護保険などの社会保険が中心である。生活保護のような公的扶助や、障がい者福祉などの社会福祉も重要な社会保障分野であるが、多くの税金を投入して支える必要があるのは、主に社会保険である。近年では、人口減少社会の進行を緩和するために出生率の上昇が重要とされ、子育てサービスの充実をめざす子ども・子育て支援新制度が実施されている。社会保険に比べて子育て支援にも多くの財源が投入されている。年金、医療、介護、子育てを特に社会保障 4 経費と呼び、消費税を増税して財源として集中的に投入する政策が進められてきた。また、教育の無償化もそれらに並ぶ重要課題として浮上している。

公的年金は、若い年齢時に保険料を負担することで受給権を得て、高齢者となってから年金給付を受け取る仕組みである。わが国では、負担した保険料の額や納付期間に応じて年金給付額は決まるものの、それぞれの個人が負担した保険料を運用した額で給付が決まる積立方式ではなく、現役世代が負担した保険料が高齢者の年金給付に少なくとも一部は投入される賦課方式である。民間の生命保険会社などが実施している養老保険などは積立方式を基本とするが、公的年金は賦課方式であって、現役世代が高齢

者世代を支えている。

　賦課方式を基本とする公的年金は、世代間扶助の仕組みであるといえる。すなわち、子どもが高齢となった親をサポートするのではなく、子どもの世代が高齢者世代を、公的年金という社会保険制度を通じてサポートすることを意味する。家族機能を社会として肩代わりする社会代替である。『厚生労働白書』（平成23年度版、23頁）によると、大正期以来の時代ごとの平均的なライフサイクルが示されており、1920（大正20）年には、夫も死亡年齢は61.1歳であり、55歳停年から6年程度である。夫死亡時から妻死亡までの寡婦期間は4.2年である。夫婦は5人の子どもを設けており（幼児死亡率が高いので全員が成人しているわけではない）、3世代同居であるのが通常である。それに対して、現在では、その当時に比べて平均寿命が男性で20歳程度、女性で25歳程度長くなっており、停年が延長されたというものの、退職から死亡までの期間や老後の人生、寡婦となる期間はいずれも大きく延びている。しかも、子どもの数は少なく、3世帯同居は大きく減っている。

　このように、高齢者にとって老後の期間が延びる反面で、子どもに頼ることが難しくなり、高齢者だけの世帯が急激に増えている。内閣府『高齢社会白書』（平成28年度）によると、65歳以上の一人暮らし高齢者は、1980（昭和55）年には男女あわせて88万人程度であったが、2010（平成22）年には480万人程度になっている。2010年の高齢者人口に占める割合は男性で11.1％、女性で20.3％であり、1980年に比べて男で7ポイント、女で9ポイント上昇し、今後もその割合は増えると推定されている。

　このような状況で、高齢者の生活を支える役割を家族だけに負わせるのはおよそ現実的ではない。公的年金にあわせて、介護保険によって介護サービスを提供することを通じて家族機能の社会代替が必要となっている。また、冒頭で述べたように、家庭の子どもを育てる能力の低下に対応した子育て支援サービスが必要とされているように、子どものケアについても、家族機能の社会代替が急務となっている。

　そこでは、税金や社会保険料を財源に、社会保障制度によって人々の暮らしを支えることが基本になっている。そのような社会保障制度は、基本

第1章　社会起業が注目される社会経済的背景　　27

的に強制的な税負担や、社会保険への強制加入による保険料負担が原則であって、国民に選択の余地はない。それらが、人々の暮らしの基盤となるサービスを形成するとしても、それだけでは十分といえないことも多い。

　社会福祉を行う個人や民間団体、NPOやボランティアがそれらではカバーできない問題に対処し、営利企業もまた社会的企業、あるいは社会起業としてその分野に進んで参入している。歴史的に見ても、社会福祉の分野では、政府のような公的機関が先行して新たなサービス供給を始めるのではなく、民間が新たな支援の分野を掘り起こして、それが広く普及して、大切な働きを行っていることが社会的に認知されることで、やがて公的サービスに取り込まれるという歴史を歩んできた。保育所も児童保護施設も、戦前は、確立された公的な制度ではなかった。

　現在のわが国において、貧困問題が深刻であるとされるのは、多くの場合、飢餓などによって生存権が脅かされるという意味での人権保持の観点ではなく、相対的貧困にかかわる問題である。子どもの貧困とは、世帯の等価可処分所得の中央値の50％以下の世帯で暮らす子ども割合をさすが、わが国は、先進国の間では下位に低迷している。平均所得自体はけっして低いわけではないので、絶対的貧困が問題ではないというものの、相対的貧困に陥っている子ども割合が多いことは深刻な状況である。高度経済成長の時代のように成長機会が恵まれた時代ではない現代日本では、十分な教育機会の提供と子どもが健全に育つ環境を整えなければ、貧困の世代間連鎖を断ち切ることは難しく、不公平な社会を構造として固定化させることとなる。

　子どもの貧困を解消していくには、子どもを育てている家庭に対する子育て支援サービスを充実させることである。わが国で子どもの貧困が厳しいのは、そうした社会サービスが先進国のなかでは十分ではないことを意味する。児童手当などの現金給付も重要であるが、保育所を始め子育て支援サービスや初等・中等教育への支援など、多方面からのサービスが必要となる。そうした分野では、営利・非営利を問わず、民間部門による貢献が期待されている。

　近年では、独身女性の貧困問題も深刻化している。就職して活躍してい

たものの、病気や家族介護などの理由から志半ばで離職し、非正規雇用にしか恵まれず、低収入で社会的にも不安定な立場に甘んじていながら、そのような立場にあることが自己責任であるとして誰からも省みられない非婚の女性などが、女性の貧困の典型例である。豊かなはずの現代日本にあって、経済的に恵まれず、社会的地位も与えられず、関係性の貧困に陥るという悲劇に目をとめなければならない。これもまた、伝統的共同体の力の喪失がもたらしたものである。

3　政府への不信と構造的課題

　現代日本では、政府への信頼は必ずしも高くない。高福祉高負担の大きな政府の国で、高い税負担に国民が応じる理由の中心には、政府への信頼感がある。自らの将来の保障を確保するうえで、自ら貯蓄するよりも税負担のかたちで政府に頼った方が、はるかに安心であるという感覚がなければ、手取り所得の大幅な減少をともなう高い税負担は受け入れられない。わが国の国民負担率（税と社会保障負担の国民所得に対する割合）は、2017（平成 29）年度で 42.5％であるが、高福祉高負担の北欧諸国の 1 つであるスウェーデンでは 2014 年で 56.0％であり、フランスではそれを上回る68.2％である。

　共同体社会を支えるのは相互に対する信頼感である。国民負担率が高くない国では、政府を頼りにしないという気風があるか、または政府という共同体に対する不信感が十分ないということになる。旧約聖書『サムエル記上』第 8 章では、軍事的に対立する隣国のように国家組織を与えてほしいと懇願するイスラエルの民に対して、預言者サムエルを通じて、神は次のように言い放つ。「あなたたちの上に君臨する王の権能は次のとおりである。まず、あなたたちの息子を徴用する。それは、戦車兵や騎兵にして王の戦車の前を走らせ、……あなたたちの娘を徴用し、香料作り、料理女、パン焼き女にする。……あなたたちの奴隷、女奴隷、若者のうちのすぐれた者や、ろばを徴用し、王のために働かせる。……あなたたちの羊

の十分の一を徴収する。こうして、あなたたちは王の奴隷となる」（日本聖書協会による新共同訳）。この箇所は、人間が作った政府が、人々が必要とするときに、役に立つどころかかえって災いとなることを示唆している。人の世の矛盾と罪深さをえぐった箇所である。民主主義国家に限らず、国家と国民は構造的に不信の構図にあるという悲劇がある。

　しかし、聖書の神は、人々が求める国家の建設をけっして否定しない。生きることの苦しみの源泉の1つが政治権力であることを示唆しながらも、そうした構造のなかで生きざるを得ない現実と向き合うことを求めている。政府を否定するのではなく、その不信の構造を自覚しつつ、人の営みによってその構造の緩和を常に試みる必要性を説いたものと理解することができる。

　社会活動家として精力的に貧困問題に取り組み、非正規労働者の生活基盤を整えることに尽力し、年越し派遣村の村長となるなど、早くから貧困問題の所在を世に訴えてきた湯浅誠氏（現、法政大学教授）は、民主党政権時代に、内閣府参与などのかたちで、二度、政府のなかで責任ある立場から、政府内部から貧困などの社会問題等に取り組んだ。そのときの経験を、論考のなかで次のように振り返っている。

　　それまで私は、一個の主体としての政府に対して、貧困の「複雑さ、困難さ、厄介さ」を対置していた。日々向き合う相談者の抱える課題の複雑さや、心の機微、社会的影響と個人的要因の厄介な絡まり具合、そうした現実を「簡単に自己責任論で押し流す」乱暴な議論の立て方に対し、「それでは何もよくならない」と批判してきた。しかし、政府の側、個々の官僚の側から見れば、その私が政府の「複雑さ、困難さ、厄介さ」を無視して、貧困問題を盾に「なんとかしろ、できるはずだ」といとも簡単に言っていると映っていることを知った。
　　そこには、たしかに根拠があった。参与職に就任して自分が政策をつくる側に回ってみて、私は「ほんの一歩」を刻むのがいかに困難かを思い知ったからだ。一言でいって、甘く見ていた。それは、世間一般や官僚の人たちが貧困の実態を甘く見ているのと変わらなかった。

30 第Ⅰ部 概要編 社会起業の理論的枠組み

（湯浅誠「社会運動と政権 ── いま問われているのは誰か」『世界』2010
年6月号）

　この論考のなかで、湯浅氏は、現実の政策を実現するうえでの複雑さ、
困難さ、厄介さを、政府に入って初めて気が付いたと率直に自らを振り返
り、現場が抱える問題は政府に認識されていないというのは誤解であり、
政府に対して不要な不信感を持ってきたことは間違いであったと自戒して
いる。そして、あるべき政策は少しずつしか、また部分的にしか実現しな
い現実を認め、それに苛立つべきではないことを、世の社会運動家と呼ば
れる人たちに対して呼びかけている。
　貧困問題などの社会的な問題に対処する際に、社会保障制度などの政府
による公的な制度を基盤としながら、それだけでは十分ではなく、ボラン
ティアやNPO、社会的企業、社会起業などの民間部門の貢献が必要であ
ることはすでに述べた。その反面で、政府に対する構造的不信感はけっし
て無視できないものであって、社会活動にはどこか反政府の色がつきまと
う。湯浅氏は、自身の経験に照らして、そのことのむなしさを指摘し、社
会活動家に思考の転換を求めている。社会問題の解決にあたって、政府へ
の不信感を払拭できないまでも、どのように緩和するかは重要な課題であ
る。情報公開の推進や政治決定過程の透明性の確保など、政府に改革を求
める声は近年大きいが、社会活動家など民間に対する意識改革の必要性も
けっして小さくない。

4　企業が社会的活動を行う意味

　民間企業は営利活動を基本とするが、社会の繁栄がなければ企業活動の
継続性も確保できず、一過性の利益に追求ばかり考えるのではなく、社会
への貢献を企業理念とする民間企業はむしろ多い。企業が社会活動を行う
のはむしろ当然のことである。
　2011（平成23）年の東日本大震災で、キリン株式会社の仙台工場は大き

な被害を受けた。折からビールの消費量は 21 世紀に入った頃から年を追って減少しており、被災をきっかけに工場閉鎖を決断してもおかしくない状況にあった。しかし、工場の撤退が東北地方の顧客との間の信頼関係を揺るがしかねないことに鑑み、地域密着の取り組みを推進し、工場の再開を通じて東北地方の復興に貢献することとした。被災から 8 か月後の 11 月には再開後の工場で初出荷を果たしている。そのニュースは大きく取り上げられ、復興への希望をつなぐものとなった。企業の社会的な存在意義とは何かを追求した結果が工場の早期再開という判断につながったとされている。このように、営利企業は、本来的には社会的な活動を重視するものであり、社会的企業であることが通常の姿である。

　代表的な社会起業であるグラミン銀行の創設者、ユヌス氏は、利益の最大化を求めるのではなく、社会問題の解決をめざすソーシャル・ビジネスが成り立つ条件について、次のように述べている。

　　たしかに利益はビジネスの動機付けになりますし、投資を誘因します。けれどもソーシャル・ビジネスには他の理由がある。それが人を惹きつけているのです。
　　それは、自分以外の人たちを幸せにすること。そこではお金を稼ぐこと以上の"スーパーハピネス"が得られます。他の人を幸せにするというのがどういうことか。それは自身でやってみないとわかりません。自分で味わってみて初めて、人間はお金と他人の幸せのどちらを求めているのかを知ることができる。ここからソーシャル・ビジネスが始まるのです。
　　（ムハマド・ユヌス「貧困を救う起業システム」『Voice』2014 年 9 月号）

　そこで、ユヌス氏が言及しているのは、人間存在には、豊かになりたいというプライベートな欲求と、社会に貢献することで満足を得るというパブリックな欲求の 2 面性があり、ソーシャル・ビジネスの動機は後者であると指摘したものと考えてよい。その 2 つは必ずしも矛盾なく両立するも

のではなく、人間とは、対立する価値観を併せ持ちながら、そのなかで揺れ動く存在であると見立てることができる。

近代的な進歩主義に思想は、自立した個人を前提に、選択の自由を保障し、国家と人間との関係は個人間の契約の関係になぞらえる社会契約説に基づいている。日本国憲法などの近代国家の憲法は、そのような社会契約説を基礎として体系づけられている。そこで想定されている人間像は、人々は、自分が何をしたいかを知っており、自分自身を律することができるとしている。このような近代合理主義を前提とした社会科学の1つである経済学では、企業は利益の最大化をめざして活動し、消費者は個人の満足度を最大化して行動することを前提に論理を組み立ててきた。しかし、それはかつてであって、近年では経済学でも、個人の合理的な行動を前提としない論理展開に注目が集まっている。

ヨーロッパの伝統的な考え方では、近代合理主義一辺倒ではなく、それとキリスト教がいわば背中合わせになっている。キリスト教では、むしろ人が自立した個人をめざすことは、神に背く行為であるとみなすことが多い。旧約聖書『創世記』の冒頭部分のアダムとイブの失楽園の物語がまさにそれにあたる。人があたかも神のように「善悪を知る者」となろうとすることが、「人間として生きる上での苦しみの源泉」ととらえられている。

このように、近代合理主義とキリスト教のバランスの上に、ヨーロッパの精神社会はある。そこからいえることは、自立した個人自体を否定するものではないが、それだけで人の幸せは得られるのではなく、社会共同体に身をゆだね、他者の幸せのために貢献することで得られる喜びが、人が生きていくうえで不可欠であるということである。その発想には古いも新しいもない。むしろきわめて常識的なものである。しかし、利他心を発揮する対象となる社会共同体の姿は、時代によって大きく変わるものである。伝統的な地縁・血縁社会の維持はほとんど期待できない。それが果たしてきた機能の一部を肩代わりして、営利企業が社会的企業となり、人々が社会起業をめざすのは、幸福追求のために、必然のことだと考えるべきである。

参考文献

小西砂千夫『社会保障の財政学』日本経済評論社、2016 年。

佐伯啓思『西欧近代を問い直す ——人間は進歩してきたのか』PHP 文庫、2014 年。

佐伯啓思『20 世紀とは何だったのか ——西洋の没落とグローバリズム』PHP 文庫、2015 年。

山本栄一『問いかける聖書と経済 ——経済と経済学を聖書によって読み解く』関西学院大学出版会、2007 年。

第2章

社会起業とは何か

日本における社会起業

1　はじめに

　社会福祉、環境、地域再生、これらの課題に対して新しい柔軟な発想で社会的課題に取り組む組織は、社会起業(1)（ソーシャル・アントレプレナーシップ）や社会起業家（ソーシャル・アントレプレナー）、社会的企業（ソーシャル・エンタープライズ）など多様な言葉で表されているが、これらの言葉に関しては明確な定義はなく、はっきりとした使い分けがされているとはいえない(2)。本章では主に「社会起業」という言葉を用いて、「社会的課題の解決を目的として、収益を上げる事業的な手法を活用しながら、継続的な活動を行う組織」と仮定して論を進めていきたい。

　しかしながら、本章のテーマである「社会起業とは何か」をめぐる議論は簡単ではない。「○○とは何か」という問いが提示される場合があるが、必ずしもその定義が明確になされているとは限らない。社会起業においても同様の課題があり、第3章で山本隆が論じるように各国によって、用いられる文脈が異なっている。「社会起業とは何か」の問いは、社会起業がどのようなものかわかっていないという状況のもとで、社会起業について探求するという観点から立てられた問いであるということを念頭にこの章を読み進めて欲しい。

36 第Ⅰ部 概要編 社会起業の理論的枠組み

　本章では読者からの「社会起業の活動を知りたい」という問いに応える
だけでなく、「社会において、社会起業の活動はどのような意義や可能性
を持つのか」の問いを立てながら、社会について探求する一助としたい。

2　社会起業はどのように語られてきたのか

　さて、社会起業へ注目が集まった1つの背景には2006年にムハマド・ユ
ヌスがノーベル平和賞を受賞したことがあげられる。ユヌスは、「グラミ
ン銀行」を立ち上げ、マイクロファイナンス（低所得者への無担保少額融
資とその回収の仕組み）により、事業活動を通しての貧困問題の解決が可
能であるという1つの社会起業のモデルを示した。その活動を代表とし
て、社会起業という言葉は雑誌や新聞などで度々扱われたり、社会起業家
に関する書籍が出版されるなど徐々に市民権を得るようになった。

　日本では、2007年に経済産業省にソーシャルビジネス研究会が立ち上
げられて以降、経済産業省、内閣府を中心として社会起業に関する研究が
政策レベルでおこなわれるようになった。研究会の立ち上げに合わせて、
社会起業に関する報告書も発表されている（表2-1）。たとえば、ソーシャ

表2-1　社会起業に関する政府報告書

名称	発行省庁	発行年
ソーシャルビジネス研究会報告書	経済産業省	2008年4月
ソーシャルビジネス55選	経済産業省	2009年4月
ソーシャルビジネス・ケースブック〜地域に「つながり」と「広がり」を生み出すヒント〜	経済産業省	2011年3月
ソーシャルビジネス推進研究会報告書	経済産業省	2011年3月
ソーシャルビジネス・ケースブック（震災復興版）	経済産業省	2012年1月
NPOなど新たな事業・雇用の担い手に関する研究会・中間論点整理	経済産業省	2014年9月
我が国における社会的企業の活動規模に関する調査	内閣府	2015年3月
平成27年度 社会的企業の実態に関する調査研究最終報告書	内閣府	2016年3月

　出所：筆者作成

ルビジネス研究会が 2008 年に発表した『ソーシャルビジネス研究会報告書』の中では、「新しい公共」の担い手として、「社会的課題を解決するためにビジネスの手法を用いる」と説明された。またその要素として、①社会性：社会的課題に取り組むこと、②事業生：ビジネスの手法を用いて継続的に事業を進めていくこと、③革新性：新しい商品・サービスや、それらを提供する手法を生み出すことの3点を備えていることが社会起業の条件とされた。2015 年の内閣府の『我が国における社会的企業の活動規模に関する調査』では、より具体的に社会起業の条件を設定して実態調査が行われている。そこで設定された社会起業の条件とは、①組織形態、②事業の主目的（組織の主目的が社会課題の解決なのかどうか）③主な収入（財やサービスの提供（ビジネス）によって社会的課題を解決しようとしているかどうか）の3点である（表2-2）。

　これらで議論されている社会起業の傾向、また各国で扱われる傾向を鑑みると「お金を稼ぎながら社会問題を解決するもの」として社会起業が扱われ、社会性と事業性を両立させるような革新的な手法を用いて、新しい公共サービスの担い手となることが期待されている。

表2-2　2015 年度内閣府調査における社会起業の条件

	類型	条件
①	社会的事業の実施	「ビジネスを通じた社会的課題の解決・改善」に取り組んでいる
②	事業主目的	事業の主目的は、利益の追求ではなく、社会的課題の解決である
		利益は出資や株主への配当ではなく主として事業に再投資する（営利法人のみの条件）
		利潤のうち出資者・株主に配当される割合が 50%以下である（営利法人のみの条件）
③	主な収入	事業収益の合計は収益全体の 50%以上である
		事業収益のうち公的保険（医療・介護等）からの収益は 50%以下である
		事業収益（補助金・会費・寄附以外の収益）のうち行政からの委託事業収益は 50%以下である

出所：UFJ リサーチ＆コンサルティング（2015.5）を筆者加筆修正

3 社会起業とは何か──活動を考えるうえでのいくつかの視点

　日本では、1990 年代後半から、社会起業に関する書籍が出版されてきたが、その多くは新たな手法で社会的課題の解決に取り組む社会起業を紹介したり、社会起業家の「生き方」に注目した、いわば啓発本である。これらの書籍によって社会起業が多くの人に知られることとなった一方で、「社会起業（家）」への過剰な期待に繋がってしまうことが指摘されている（川村 2015a；藤井 2013）。第 1 節で述べたように社会起業を一義的に定義することは困難ではあるが、これまで語られてきた社会起業の概念に含まれる要素をいくつかのグループ分類することで社会起業の理解を深める一助としたい。

(1)「社会起業」に含まれる要素

要素 1：「社会的課題」の解決というミッション

　社会起業の特徴として重要なのは、社会的課題の解決というミッションを持った組織であるという点である。さて、社会起業が解決を目指す社会的課題とは一体どのようなものを指すのだろうか？

　私たちは普段生活をしているなかで「朝、早く起きること」「夕食の準備をすること」など多くの課題を抱えている。「早起きすること」は個人（家族）で解決する課題であるし、「夕食を準備すること」は個人で解決できるが、お弁当を買ったり、外食をするなど商品やサービスを購入（市場を介）することで解決することも可能である。一方で、「消防」「警察」など社会全体に必要なものは行政サービスとして提供される。また、「保育園が少ない」「交通量の多い道路に信号機がなく横断が危険」という課題のように個人の力や、市場を介することでは解決の難しい課題も、行政（政府）が解決することが多い。

さらに、これまで個人の力で解決してきた（すべきとされてきた）課題が常に「個人の課題」とされるわけではない。具体例として、高齢化という社会問題を考えてみよう。近年、「介護の担い手不足」が社会的課題として認知されているが、注目を集めたのは2000年以降である。高齢者の介護は伝統的に家族や地域社会で行われてきたが、高齢化が進むなか、さまざまな課題が発生してきたため、介護を社会全体の課題へと転換（介護の社会化）すべく介護保険制度が導入された（上野 2011）。それらにともない、介護を社会全体で行う仕組みができた一方で、それらに携わる人が不足する状態が現在の課題となっている。また、「社会的孤立」「社会的排除」といった問題は、専門家がそれに関する調査を行ったり、テレビなどで報道されることで、多くの人に望ましくない状態であると理解され社会的課題として指摘されるようになったといえる。

　「課題」と聞けばすぐに解決の方法をすぐに検討してしまいがちであるが、「何が課題なのか？」を特定することは案外難しい。たとえば、学生であれば、金欠で一度は悩んだことがあるのではないだろうか？　その背景にある課題としては、「収入が少ない」もしくは「支出が多い」といった2点を挙げることができるだろう。支出に関していえば食費、交際費、交通費などに分類することができる。このように課題を構造的にとらえて、課題が発生する要因を考える必要がある。また、それぞれの要因の関係性を考えながら、何を解決するのかの目標を設定することが重要である。

　すなわち、社会起業を考える際には、「社会的課題の解決」という視点はもちろん、なにを社会的課題と設定しているのかを分析することも大切な視点となる。

要素2：「収益を上げる事業的な手法」の活用

　社会的課題、とりわけ、ニーズと呼ばれるものの多くは市場を介して解決されているということがいえる。私たちの生活の基盤となっている資本主義経済に関して理想的な説明をすれば、リスクを資本家がすべて負い、スピード感のある意思決定で不確実なニーズに対して新規事業が次々と立

ち上げられることであろう。この原則が成り立ってきたからこそ今日の資本主義経済が広がりを見せたということもいえる。一方で、第1章で小西が論じるように資本主義経済システムには課題や限界も多く存在する。

　それでは、社会起業でいわれる事業的な手法とはどのような意味を含むものだろうか少し考えてみたい。社会起業を説明する多くの文献のなかでは、「ビジネスで（お金を稼ぎながら）社会問題を解決する」と説明されることが多く、事業的な手法という言葉は、行政からの委託費・補助金を含まない自立した運営をおこなう組織をイメージさせる。しかしながら、社会起業の活動が期待される領域（「社会的課題を解決する」という目的）では、市場からの収益だけで自立することは困難な場合が多い。たとえば、ホームレス支援を考えてみよう。彼（彼女）たちへの食事提供を、市場からの収益だけで成り立たせようとすると、ホームレスの人たちからお金をもらうことになり、お金を持っている人だけが支援の対象となる（これだと、普通の飲食店と変わらない）。また、彼らの自立のための雇用創出を考えてみると、市場からの収益を優先しようとする場合には能力の高い人を採用する傾向が高まるだろう。

　以上のことから考えてみても「社会的課題を解決する」という目的を達成するためには、市場からの収益だけで自立させることはなかなか困難である。社会起業に関する調査でも明らかなように、社会的課題の対象となる人たち、たとえば、収入の少ない人たちにサービスの提供をしたり、障がい者など一般労働市場で働くことの難しい人たちに雇用機会の提供することを考えると一般的に市場からの収益だけで自立している社会起業は少ないといえる。社会起業の「事業的な手法」とは、単に市場からの収益だけでなく、行政からの委託事業や補助金をうまく活用することが含まれるし、寄付金やボランティアなどを頼って事業が成り立っていることも多い。行政とのパートナーシップの重要性に関しては第4節で詳しく述べることとする。

要素3：継続的な活動展開をする組織

　かかわる課題にもよるが、多くの社会的課題が、一度サービスを利用するだけでは、解決が難しいことを考えれば社会起業には持続的な活動の展開が求められる。持続的な活動を行ううえで重要になるのが組織化であろう。C. L バーナードは、組織の要素として①伝達（コミュニケーション）、②貢献意欲、③共通目的を挙げている（Barnard, C. I 1968：5）。すなわち、共通の目的を達成するために互いに意思疎通を図り協力する集団であるということができる。そのため社会起業には、ボランティア団体から法人格を持った組織まで幅広く含まれることもある。日本においては、社会起業を規定する法律がないため、幅広く理解がなされている。先述の『我が国における社会的企業の活動規模に関する調査』で対象となった組織の法人格は、株式会社、NPO 法人、一般社団法人、一般財団法人、公益社団法人、公益財団法人、合同会社、有限責任事業組合など多岐にわたる。ここでは法人格の特徴から社会起業という組織を考えるうえでの視点の検討をしてみたい[3]。

　先にあげた 2 つの要素で指摘してきたように「社会的課題をどのようにとらえるのか？」と「どのような事業を展開するのか？」によって法人格の選択が異なるということがいえる。社会起業とみなされてきた、法人格の特徴の大きな違いとして①活動目的、②意思決定の仕組み、③情報公開の3 点を挙げることができる。

　①の活動目的は、営利活動か非営利活動かの違いである。よく誤解をされることであるが、非営利活動は、収益活動を行わないということを意味しない。収益活動は可能であり、それらを給料として従業員に支払うことも可能である。社会起業でいわれる非営利活動とは、収益事業で上げた利益の配当の制限を設けて、利益を本来の業務内容、社会的課題を解決するという目的のために再投資するということを意味する。また、利益分配の可否は②の意思決定の仕組みにも大きくかかわる。②の意思決定の仕組みの違いとは、議決権や最高意思決定機関、代表権などの違いである。たとえば、株式会社は、最高意思決定機関が株主総会にあり、議決権も出資金

の比率によるために、1人の株主に大きな権限が与えられる可能性がある。1人の株主がより多くの利益の分配を求めた場合「社会的課題の解決」よりも利益の出る事業を優先せざるを得なくなることが想定される。一方で、一人一票の議決権を持つNPO法人や社団法人はより民主的に組織の運営方針を決定することができる。また、社員や組合員に代表権のある合同会社や有限責任事業組合はそこで働く人や、それらのサービスを利用する人の意見が組織の運営方針に取り入れられやすいということもいえる。しかしながら、これらの運営方法は、意思決定の構想が複雑になるためにスピード感を停滞させ、新しい事業への参入の機会を逃してしまう課題も同時に存在する。③の情報公開とは、事業報告や決算報告の公開義務である。組織の活動状況の公開は公益性を高め、社会的な信用にもつながるということがいえる。

　日本では資金調達戦略上の理由で、株式会社など営利企業を想定した法人格を有する社会起業が多いが一般的な営利企業とは異なる意思決定の仕組みや利益分配の方法を持っていることが指摘されている[4]（藤井 2013: 64）。また、国ごとに株式会社の経営方式が大きく異なり日本の企業は「利益非分配の条件にほぼあてはまるという意味では株式会社は限りなく非営利組織に近い存在である（橋本 2013:269）」との指摘もある。このような背景で、日本では、株式会社の法人格を有していても社会起業とみなされることがある。

　そのため「なにを社会起業とみなすのか？」という問いに関しては、「株式会社だから社会起業ではない」「NPO法人だから社会起業」など単純に考えることは難しく、組織が行う活動を含めて理解する必要がある。また、社会起業の組織を考えるうえでは、①活動目的、②意思決定の仕組み、③情報公開の3つの視点から組織の内部・外部を問わずに事業に対していかに信頼性や正当性を獲得しているのかということを検討することが必要となるだろう。

(2)「社会起業」に関する誤解

　一方で、社会起業をめぐる議論のなかには、社会起業に対しての「過剰な期待」を寄せるものもあり、社会的課題の解決に関して誤解を与えかねない状況もある。ここではそのいくつかに関して検討をして社会起業に関する理解を深める機会としたい。

誤解1：社会的課題の解決は社会起業が行うべきである

　社会起業が社会的課題を解決することには限界がある。社会起業が柔軟な発想で社会的課題の解決を目指すことは大切なことではあるが、すべてを解決できるわけではない。収益活動を行いながら解決できる課題もあれば、それが適さない場合もある。また、医療、教育、社会福祉など社会全体に求められ本来は行政サービスとして解決をすべき課題もあるだろう。行政サービスの民営化が社会起業に注目が集まった1つの背景にはなっているが、これまで行政サービスとして展開されてきたのには理由があり、担ってきた役割をすべて社会起業が負わなくてはいけないということではない。第2節であげたソーシャルビジネス研究会報告書にあるように、社会起業は「新しい公共」の担い手として想定がなされているが、「新しい公共」論の基本的なロジックは、政府における厳しい財政を前提として、行政材の効率化（財政削減）が指摘されている（藤井 2010：131）。

　社会起業は「新しい柔軟な発想で社会的課題に革新的に取り組む」組織ということでマスコミなどに取り上げられ「社会起業が社会的課題を解決する」というイメージを作ってきた。そのような社会起業への「期待」だけでなく、社会構造を理解して、問題が発生する原因から社会起業の活動をとらえる視点が重要であろう。

誤解 2：社会起業は「市場」からの収益（のみ）で成り立つ

社会起業を説明する際の「収益を上げる事業的な手法」とは、一体どのような意味を含む表現なのであろうか。要素1で社会的課題を構造的にとらえる必要性を指摘したが、「収益を上げる事業的な手法」を考えるうえで前提となるのは、①生活の多くの課題は、市場を介して解決されているということ、②社会全体に必要なものも行政サービスとして提供されるという2点である。その一方で、社会起業のように、社会的課題が発生する現場に深く根ざしながら、当事者や地域社会のニーズを掘り起こし、その解決を目指す事業は、何より課題を抱える当事者にとっては必要なものである。

ソーシャルビジネス研究会の座長でもあった、谷本寛治（2006）は社会起業をソーシャル・イノベーションという概念を用いて説明する。ソーシャル・イノベーションとは①新しい社会的な事業が開発され、②それが市場社会からの支持を得ることで広がり、③社会関係や制度に変化が生じ、やがて④新しい価値が広がっていくという一連のプロセスであると説明される（谷本 2006：26-28）。しかしながら、市場社会からの支持を得ること、すなわち市場から収益を得て事業を成り立たせることと、それが、社会関係や制度に影響を与え、新たな価値が広がったり、社会的課題の解決に繋がるのかはほとんど説明がなされていない。この説明されていない部分こそ冷静に考える必要がある[5]。

事業的な手法、特に社会起業の説明で多く使われてきた「ビジネス」という言葉は、行政からの委託費が含まれていないようなイメージをさせる表現であるが、社会起業に関する調査でも明らかなように、社会的課題の対象となる人たち、たとえば、収入の少ない人たちにサービスや雇用を提供することを考えると一般的に市場からの収益だけで自立している社会起業は少ないといえる。

誤解 3：社会起業はボランティアより優れている

　私たちが、「社会的課題とかかわる活動」と聞いて、まずイメージができるのはボランティア活動ではないだろうか？　さて、社会起業とボランティア活動とはどのような関係にあるのだろうか？　少し考えてみたい。

　一般的にボランティアは、自発性・無償性・貢献性といった特徴によって定義され[6]、お金などの対価を得るためではなく、何かしらの問題に対して、自分の意志を持ってかかわっていく活動ということができる。社会起業と大きく異なるのが、社会的課題とかかわるなかで収益を上げる事業的な手法を活用するかどうかである。社会起業を紹介する書籍のなかでは、社会貢献活動を仕事にする（社会貢献をしながら暮らす）社会起業の方が、無報酬で社会貢献に取り組むボランティアよりも、持続的な活動ができ、社会的課題をより解決ができるという紹介がなされることがあり、社会起業がボランティアよりも優れているという誤解を与えかねない表現がなされることがある。

　しかし、繰り返しになるが、市場からの収益だけで自立している社会起業は少なく、ボランティアが社会起業をささえる重要な資源になっていることもある。たとえば、ホームレスの人たちに雑誌販売を委託し、自立支援を行う社会起業「ビッグイシュー日本」には、正社員のほかに 400 名のボランティアがかかわっている（佐野 2010: 269-270）。実際、ボランティアが生み出す労働を貨幣的な価値に換算すると、GDP（国内総生産）の約 2% に当たる 10 兆円と試算される見方もあり（山内 2011）、社会的課題を解決するためには重要な資源となっているといえる。また、ボランティアは伝統的な資源として社会起業を支えるだけでなく、彼ら（彼女ら）が、活動に参加（協力）することは、社会的使命を達成する組織の公益性を高め、社会的信用に繋がるという指摘もされている（Defourny, J. 2004:21-24）。

4 社会的課題解決のための行政のパートナーとしての社会起業

　日本において社会起業の活躍が期待される領域は、従来、社会政策・公共政策が対象として来たものが多い。すなわち、社会起業が解決を目指す社会的課題の多くは、行政サービスとして提供されてきた（本来、提供される方が良い）領域であるために、行政サービスの委託を受けていることが多い。もちろん、行政サービスの委託や補助金に頼るだけで社会的課題が解決できるわけではない。行政が中心になることの弊害や限界を川村（2015a）は、(1)新たな課題に敏感に対応できない、(2)サービスが画一的になり多様な受益者のニーズに効率的に対応できない、(3)市場ベースの収益活動と社会的課題の解決を組み合わせる活動を実施しにくい、(4)行政依存が進み、地域住民や特定集団の経済的自立のための活動（コミュニティ活性化）が難しくなるという4つの課題に整理をしている。このような弊害や限界に対して、自発性や独自の発想を採用しながら、自主財源を獲得しながら活動することが社会起業に求められる役割であろう。その役割を4つに整理したい。

　1つ目は、政府（行政）では実現が難しいとされてきた課題に先駆的に対応することである。2つ目は、課題に気づいた人々や問題を抱えた当事者の自発的な参加によってコミュニティを形成するため、ニーズを掘り起こし、新しい価値のための創造を通した課題解決のための多様な展開を行うことである。3つ目は、多数決の原理に基づく政治的な決定では対応のできないマイノリティのニーズや、行政組織の縦割りや官僚化によって対応の難しい課題に迅速かつ柔軟に対応することである。4つ目は、行政や企業によって提供されるサービスをただ利用するだけでなく、自ら社会サービスの提供側になることで、当事者のエンパワメントの機会を生み出すことである。

　繰り返しになるが、社会起業だけが社会的課題を解決するのではない。社会起業は、4つの役割を生かしながら、社会的課題を発見し、解決のた

めの実践を行い、それをより普遍的なものへと展開するため行政に提案を
するパートナーとして理解することも重要であろう。

5 おわりに

　これまで見てきたように「社会において、社会起業の活動はどのような
意義や可能性を持つのか」の問いを立て「社会起業とは何か?」を検討す
ることで、いくつかの原理・原則のようなものが明らかになってきただろ
う。
　1つ目は、社会起業は柔軟に新しい発想をすることで「今、ここにある
課題にただちに取り組む」という意味で期待がされている。しかしなが
ら、収益を上げながら社会的課題を解決するという革新性に過度な期待を
しないことである。マスコミに取り上げられる「社会起業」はその革新性
ばかりに目がいき、問題を生み出す構造に焦点がいかないことが多い。ど
のような背景で社会的課題が生まれるのか、社会的課題の解決を目指すの
であれば、それらを生み出す構造から考える必要がある。また、社会起業
が扱う個別のケースではなく、社会全体としてどのように解決ができるの
かを検討したり、社会のなかで社会起業がどのような位置にあるのかを検
討することが重要である。
　2つ目に、社会的課題がどのように解決されているのかという仕組みを
理解することの重要性である。私たちが普段、生活のなかで抱える課題は
その多くが市場や行政サービスによって解決されている。とりわけ多くが
市場によって多くの社会的課題が解決されているのが現在の社会の仕組み
である。それらを活かしながら、これまで行政が担ってきた領域に収益事
業を組み込み、市場の特性を活かすといったところに社会起業の活動領域
がある。そのことで、業務の効率化や、より生活に密着したサービスを提
供する役割を果たす可能性があるという意味ではその活動に大きな意義が
あるといえる。
　3つ目は、社会的課題の解決がどの程度進んでいるのかを検討すること

である。日本における社会起業が対象とする多くは、これまで社会政策や公共政策が公共サービスとして対象にしてきた社会的課題である。これらに関してはなかなか結果を可視化することが難しく、また成果が問われることが少なかった。収益事業を行う社会起業の登場は、これまで見落とされがちだった社会的課題解決に関する成果への指向を補完してくれるだろう。しかしながら、社会起業が取り組む収益事業が、行政による補助金や依託金などの資源の必要性を無くすものではない。社会起業の評価とその課題に関しては田原が第10章で検討する。

　4つ目は、行政との関係性のなかで社会起業の役割をとらえることである。市場の持つ排除性（支払い能力がある人のみにサービスを提供する、能力の高い人のみを雇用の対象とする、ノウハウの囲い込みなど）を考えると、社会起業だけで社会的課題を解決することを期待するのではなく、普遍的なサービスへと展開するための行政との協力関係が重要であろう。

　このように社会起業はさまざまな角度から考える必要があり、またどのような役割を期待するのかによって理解の方法が異なってくる。いずれにしても求められるのは、社会起業の持つ強みや可能性を検討すると同時に、限界を検討することである。第3章以降では、社会起業の事例を紹介しながら、その可能性を検討する。本章で検討してきた視点も交えながら読み進めて欲しい。

注

(1)　関西学院大学人間福祉学部社会起業学科は School of Human Welfare（Department of Social Organization Development）と英訳される。

(2)　「社会起業」「社会起業家」という言葉は、どちらかといえば「何か新しいことを起こすこと（人）」に関心を当てた言葉づかいであり、社会的課題の解決のための革新的なアイデアやそれを実現する人や組織に焦点が当てられることが多い。一方、「社会的企業」は、組織形態に焦点を当てた言葉であり公共サービスを革新的な方法で提供する非営利組織、協同組合などの組織に焦点を当てながらも、政府との関係性などと合わせて論じられることが多い（詳しくは、藤井 2013 など）。

(3)　法人格は①社会的な信用が高め、②持続的な事業の展開が可能になる。また、③責任の所在が明確になるなど、社会起業の活動には重要となると考え法人格に注目をした。

（4） 藤井（2013）はその理由を社会起業の展開を促進する 1 つの要因となった特定非営利活動促進法には出資規定がなく、またヨーロッパの社会起業の受け皿となっている労働者共同組合法が未整備であるなどの理由であることを指摘している。また、営利企業の法人格を持つ社会起業の例として株主総会での一人一票の原則を基盤とした民主的な参加を志向し、株式配当を行なっていない株式会社大地を守る会をあげている。

（5） 川村（2015b）はこの点に関して、「収益事業と本来の問題解決の責任主体」の整理を行っている。そのなかで、政府の役割の重要性を指摘する。

（6） 総務省統計局の生活基礎調査によると1991年から2016年の間、ボランティア活動を「自らの意思に基づき（自発性）、人々や社会の福利の向上を目指す（貢献性）、対価を目的としない（無償性）の行動」と定義されている。

【参考文献】

上野千鶴子『ケアの社会学——当事者主権の福祉社会へ』太田出版、2011 年。

川村暁雄「社会的企業の意義と可能性」牧里毎治監修『これからの社会的企業に求められるものは何か——カリスマからパートナーシップへ』ミネルヴァ書房、pp. 2-21、2015a 年。

————「社会的企業の収益事業と本来の問題解決責任主体」同上、pp. 44-45、2015b 年。

経済産業省『ソーシャルビジネス研究会報告書』経済産業省、2008 年。
　　　　http://www.meti.go.jp/policy/local_economy/sbcb/sbkenkyukai/sbkenkyukaihoukokusho.pdf

佐野章二『ビッグイシューの挑戦』講談社、2010 年。

谷本寛治「ソーシャル・エンタープライズ（社会的企業）の台頭」谷本寛治編『ソーシャル・エンタープライズ——社会的企業の台頭』中央経済社、pp. 1-45、2006 年。

橋本理『非営利組織研究の基本視角』法律文化社、2013 年。

藤井敦史「日本における社会的企業概念の受容と研究の課題」原田晃樹・藤井敦史・松井真理子『NPO 再構築への道——パートナーシップを支える仕組み』ミネルヴァ書房、pp. 124-158、2010 年。

————「はじめに」藤井敦史・原田晃樹・大高研道『闘う社会的企業——コミュニティ・エンパワーメントの担い手』ミネルヴァ書房、pp. i-x、2013a 年。

————「企業サイド・アプローチの批判的検討」同上、pp. 56-78、2013b 年。

山内直人「ボランティア活動の経済効果は？—— 10 兆円の試算も」NIKKEI STYLE、2011 年 8 月 8 日、2011 年。日経電子版、https://style.nikkei.

com/article/DGXBZO33544080V00C11A8W02101?channel=DF1301201
66043&style=1

UFJ リサーチ & コンサルティング『我が国における社会的企業の活動規模に
関する調査（内閣府委託調査）』内閣府、2015 年。https://www.npo-
homepage.go.jp/uploads/kigyou-chousa-houkoku.pdf

Barnard, C. I. "The Functions of the Executive"（= 山本安次郎・田杉競・飯
野春樹訳『経営者の役割』新訳、ダイヤモンド社、1968 年）.

Defourny, J. "Introduction: From Third Sector to Social Enterprise" C.
Borzaga, and J. Defourny eds. The Emergence of Social Enterprise,
Routledge, 2001（= 内山哲郎・石塚秀雄・柳沢敏勝訳「緒論——サード
セクターから社会的企業へ」『社会的企業——雇用・福祉の EU サード
セクター』日本経済評論社、pp. 1-40、2004 年）.

第3章

世界の社会起業

1　はじめに

　社会起業が目指すのは、ソーシャル・イノベーション（social innovation）の創発である。ソーシャル・イノベーションというのは、社会貢献や社会問題解決のためのアイデア、モデル、枠組みの3層からなる。

　社会起業を英語で表現すると、ソーシャル・アントレプレナーシップ（social entrepreneurship：社会起業）になる。ソーシャル・アントレプレナーシップとは、社会を変革するアイデア、想い、そして具体的な活動の総称を意味する。

　その社会起業を実践する組織形態が社会的企業（social enterprise）で、ビジネス（事業体）として社会貢献活動を行い、その経費を調達していく。当然、収益性が活動のなかで求められてくる。本章では、これらの基礎事項を踏まえて、世界の社会起業について説明する。

　社会起業はその国の事情によって、独自の性格を持つ。たとえば、アメリカとヨーロッパにおいては、社会起業のそのとらえ方に違いがあり、それぞれが独自の発展を遂げてきた。

　アメリカの社会起業の一般的なイメージは、個人としての社会起業家である。パワフルで卓越した個人活動が中心で、かつ市場アプローチを意識

したものが多い。個々の社会起業家は社会貢献の成果を遂げることを意識して、社会的変化をもたらす主体（change agent）を志向している。

一方、EUを中心とするヨーロッパは、集団主義を重視する。主に地域密着型の活動を志向し、ソーシャル・キャピタル（社会関係資本）[1]や社会的資産の構築を目標としている。加えて、ボトムアップのガバナンス[2]を重視するのも特徴である。この背景には、ヨーロッパでは一人ひとりの意見を尊重するデモクラシーへの意識の高さがある。以下、アメリカ、イギリス、イタリア、韓国の順に、4か国の社会起業を概観していく。なお、社会起業の組織は社会的企業として表記することを断っておく。

2　国際比較——アメリカ、イギリス、イタリア、韓国4か国の比較

(1) アメリカの社会的企業

アメリカは建国が1776年で、イギリスから独立した国である。政治・経済・軍事で世界に比類ない超大国で、「自由」が何よりも尊重される。また、市場経済への信頼感と政府の民間への介入を嫌う文化が特徴である。

社会起業のルーツとしては、フィランソロピー活動がある。民間の力が強く、特に財団が影響力を持っている。スミソニアン博物館（公的フィランソロピー）やカーネギー財団（民間フィランソロピー）はとても有名である。ただし、歴史的には、世界大恐慌以降は政府の役割が高まることになる。

1980年代以降になると、政府の財政赤字が原因となって、NPOなどへの外部委託が本格化していった。このアウトソーシングの高まりにともない、NPOはビジネス志向を強めることになったのである。

そして1990年代には、社会起業家・社会的企業がいよいよ登場してくる。個々の社会的企業の支援組織である社会的企業連合（Social Enterprise Alliance）[3]は、社会的企業について、「ビジネスの手法や原則、社会や環境、社会的公正といった自らの目標を推進するために市場の力を利用する」

組織として定義している。[4]

　アメリカでは社会的企業の中核は NPO であり、150 万もの NPO が存在
している。実に、年間 1 兆ドルを超える価値を生み出している。NPO の
魅力ある活動という点で、クラッチフィールドとグラントは、12 の成功
を遂げた NPO の活動を分析している。彼女たちはそこから共通する「6 つ
の原則」を見いだしている。「6 つの原則」は以下のとおりとなる。

1. 政策アドボカシー（提言）とサービスを提供していること、
2. 市場の力を利用していること、
3. 熱烈な支持者を育てていること、
4. NPO のネットワークを育てていること、
5. 環境に適応する技術を身につけていること、
6. 権限を分担していることである（クラッチフィールドとグラント
   2012）。

　ここでは、一般的な NPO とは別に、2 つの「社会性」を強く持つ社会的
企業を紹介しておきたい。

　1 つ目は、L3C（低営利有限責任会社）である。これは慈善目的のため
に活動を展開し、利益を上げることを第一義的な目的とせず、営利法人で
あるものの、公益のために活動を目指すという社会的企業である。まさに
市場の力を活かして、社会貢献を進める組織である。2 つ目は B-Corp（社
会的営利会社）である。これも慈善目的のための活動や環境に対して積極
的なインパクトを創出する。株主だけでなく、利害関係者も重要なパート
ナーとなっている（原 2014:83-84）。

　これら 2 つの社会的企業のタイプは、経済的利益だけでなく、社会的利
益や環境を保護する活動を行うことで、社会的利益も追求する組織であ
る。いずれも州単位の法人格である。次に、事例でアメリカの社会起業活
動をみておきたい。

事例　ティーチ・フォー・アメリカ（Teach for America）

　ティーチ・フォー・アメリカは、アメリカの代表的な社会的企業である。

ミッションは、アメリカの若者を教育の不平などをなくす運動のリーダーにすることである。ティーチ・フォー・アメリカは、主宰者ウェンディ・コップの卒業論文から生まれたアイデアを具体化したもので、草の根の募集活動を展開してきた。大学を卒業したばかりの若者が都市や地方の公立学校で2年間教え、教育の機会を広げるリーダーとして活躍する全国組織である（ウェンディ・コップ 2012）。

　事業活動は、①学部や専攻、職業の志向を問わず、大学を卒業する若者を厳しく選定して、メンバーを編成する。②選ばれた若者は、低所得者が居住する都市や地方の公立学校で2年間教えることに専念する。③このような教育の機会を広げることを通して、社会のリーダーとして育てていく。参加者は4400人で、年間37万5000人の生徒を教えている。累計250万人を超えている。本部はニューヨークで、25の地域事務所がある。2006年の収入は5560万ドルである。地域の支援者から資金援助を得ており、民間財団、企業、個人の寄付が原資となっている。支出はメンバーの募集、選定、訓練、専門能力の開発に当てられている（前掲書 クラッチフィールドとグラント 379-382）。

　ただし、ティーチ・フォー・アメリカの活動にまったく問題がないわけではない。先に触れたように、プログラムの最大の特徴は5週間の訓練と2年間の実習である。5週間という期間は、やはり教育学専攻以外の学生には短い。さらに2年間の実習後には彼らは学校からいなくなる。そのフォローアップが公教育の現場で負担となっている。

　またティーチ・フォー・アメリカは、チャータースクールという従来の公立学校とは異なった学校で活動することがある。チャータースクールは普通学校では対応できないさまざまな教育問題に取り組むために、親、教員、地域団体などが州や学区から認可（チャーター）を受けた初等中等学校であるが、公費が当てられることから公的責任を負っている。チャータースクールでの教育管理システムはまさにIT志向で、幾分機械的な側面もあるという。教員不足の解消を掲げて始まったこの社会的企業は、一部の批判に向き合い、そのソリューションを模索している[5]。

(2) イギリスの社会的企業

　イギリスは、1707年にイングランド王国とスコットランド王国が連合して「グレートブリテン連合王国（UK）」になり、かつては大英帝国と呼ばれ、世界中に植民地を抱えていた。市場経済を発展させた国であり、現在もロンドン・シティを拠点として、金融面で影響力を保持している。サッカー、ラグビー、テニスなど有名競技の母国で、文化・芸能面でもビートルズなど世界的なスターを輩出している。

　イギリスでは、社会的企業の定義について、個々の社会的企業の支援組織であるソーシャル・エンタープライズUK（SEUK）が、以下のようにまとめている。

　「社会的企業とは、社会的目的あるいは環境目的、またはその双方を目的として事業を行う企業のことである。『社会的ミッション』を明確に意識しているのである。（中略）社会的企業は、財やサービスの販売を通じて収益の大半あるいはそのすべてを得るが、その利潤をどのように扱うかについて明確なルールを持っており、自分たちの「社会的ミッション」を推進するためにその利潤を再投資する」（Social Enterprise UK 2011：2）。

　このように社会的企業には、生み出した利益を事業に「再投資する」という社会思想が底流にある。

　では、どのような社会的な組織が社会的企業に相当するのか。それを見極めるために、社会的企業の認証制度がある。それが「ソーシャル・エンタープライズ・マーク」である。

　「ソーシャル・エンタープライズ・マーク」の認証を受けるには、第1に、社会的な目的、環境保全の目的を果たす活動を行い、利益の50％はこれらの目的のために再投資することが求められる。第2に、利益の少なくとも50％は事業活動からあげることを条件にしている。このように社会起業の重要な要素である「社会性」が担保される仕組みになっている。ちなみに、神戸市には、「KOBE ソーシャルビジネスマーク」という認証制度がある。[6] これは社会起業の育成を後押しする要因になり得る。

イギリスの社会的企業は多様な顔を持っている。それらは5つの法人形態をとる。

①有限責任会社：通常の企業だが活動次第で社会的企業として認められる。

②コミュニティ利益会社：社会的企業用の法人格である。資産や利益はコミュニティのために活用しなければならず、「アセット・ロック（資産の散逸防止）」という条項により資産の譲渡先に制限がある。

③協同組合[7]：活動次第で社会的企業として認められるものがある。

④有限責任事業組合：通常の事業組合とは異なり、自身の負債に責任を持ち、出資者たちには責任がない。

⑤公益法人組織：チャリティ団体が事業活動を行いやすくするために設けられた法人格である（ノーマン・ジョンソン[8] 94-95）。

実際、イギリスの社会的企業の数は10万社を超すといわれている。活動は主に貧困地域で、国・地方自治体ともに公共サービスの分野に社会的企業が進出することを期待している。

一方で、国は緊縮予算の体制を敷いており、財政援助は削減傾向にあるために、外部資金提供者を巻き込んだ成果連動支払いである「ソーシャル・インパクト・ボンド（social impact bond）」の活用が進んでいる。これは金融機関が発行する債権で、購入した機関投資家や個人投資家に対して、その事業の成果に応じた配当が行われる。その配当の原資には、事業の収益に加えて、その事業の社会的課題解決の貢献度合いに応じて支払われる国や自治体の財政支出も含まれる（みずほ総合研究所）。日本では、特別養子縁組の成立を目指す横須賀市パイロット事業、生活保護世帯のうち就労が可能と思われる若者（15-39歳）を対象にした尼崎市パイロット事業、介護施設入所者を対象にした学習療法による認知症改善を目指した福岡市等7市のパイロット事業が試行されている。

次に、事例でイギリスの若者のソーシャル・インクルージョンを目指す社会起業活動をみておきたい。

事例　フィフティーン（Fifteen）

　フィフティーンは、世界的な有名シェフのジェイミー・オリバーが始めた社会的企業である。ミッションは、レストラン・ビジネスで若者のキャリアアップを支援し、社会的に自立させることである。16-24歳のニートやホームレスの若者を積極的に雇い入れ、18か月間の職業訓練を行っている。彼らには、言葉遣い、礼儀作法など生活の基本から、シェフ、ウェイター、ウェイトレスとしての必要なスキルまでを身につけさせている。

　フィフティーンは会社形態で事業を運営しているが、フィフティーン財団（Fifteen Foundation）という上部組織はチャリティ団体である。この上部組織がメンタルケア、生活相談などを行っているのがミソである。

　フィフティーンが始まったきっかけは、2002年から放映が始まったテレビ番組「ジェイミーのキッチン」である。職業訓練やレストラン開業までのストーリーは視聴者を引きつけ、当時の人気番組となった。2002年11月のオープン時には連日長い行列ができたという。2010年のことであるが、筆者も予約を半年前にとり、学生と一緒に訪れた（参照：写真掲載）。

　フィフティーンのエピソードを紹介しておきたい。失業していたギャビン・ゴードンさん（22）はフィフティーンでシェフになる訓練を受けた。彼は貧しい家庭に育ち、高校で問題を起こして退学してしまった。車の修

図3-1　フィフティーンの2層構造

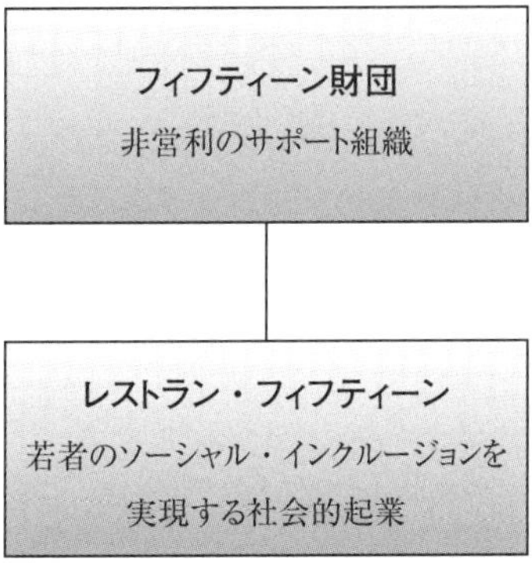

出所：筆者作成

写真3-1　フィフティーンの前での関学生の記念写真

(2010年8月著者撮影)

理工見習も経験したが、興味を感じられずに辞めてしまった。ゴードンさんは言う。「ここのプログラムでジャガイモ畑に行き、農家が食材にかける情熱を知った。それを無駄にしたくない。前なら『情熱』なんて言葉を聞くと、頭がおかしいんじゃないか、と思ったけどね」と。

フィフティーン財団で訓練の責任者を務めるトニー・エルビン氏は「仕事に情熱と自信を持たせ、自分の足で歩かせる。ニートを社会から排除せずに、取り込んで労働市場に戻す方が社会のためにもなる」とインクルージョン論を語った。イギリスでは、一般企業が投資しない貧困地域に、あえて拠点を置く社会的企業も多い。フィフティーンのように地域の雇用創出に果たす役割はとても大きい（朝日新聞2007年1月7日）。

(3) イタリアの社会的企業

イタリアは第2次世界大戦後の1946年に、王政から共和制に転換した国である。古代ローマ帝国、ローマ・カトリック教会の存在など、ヨーロッパの歴史の中心国であるが、中世から19世紀後半まで統一国家を形成できなかったため、政治経済の影響力は小さい。北部は市民社会、南部は地

縁・血縁社会の傾向がある。

　社会起業活動の中心は協同組合で、特に「社会的協同組合」が地域貢献に取り組んでいるのが特徴である。この社会的協同組合には２つのタイプがある。Ａ型社会的協同組合は、社会・保健医療・教育サービスを提供する。そしてＢ型社会的協同組合は、民間や公的機関に農業・工業・商業などのサービスを提供する。

　とりわけＢ型社会的協同組合は、「社会的に恵まれない立場の人」（重度障がい者、精神障がい者、受刑者など）を最低30％の比率で雇用し、組合員とする義務がある。また、行政はＢ型社会的協同組合と優先的に契約を結ぶことが可能である（ララッタ 118-119）。

　ここで、1978 年制定の「バザリア法」に触れる必要がある[9]。「バザリア法」は精神病患者のコミュニティへの復帰を義務づけている。彼らの社会参加のために「統合型協同組合」が各地で創設され、1981 年 381 号法の制定により、「社会的協同組合」が発展してきた。さらに 2006 年 155 号法の制定により、「社会的企業」が法的に規定されるに至っている。

　「社会的企業」の法人格は、非営利組織が社会サービスの提供など生産活動がしやすくなるように導入されたものである。イタリアの社会的企業の数は４万社以上といわれている。非営利組織の場合、財務面では利点が少ないが、新しい活動分野に進出するチャンスはある。新しい分野での社会的企業の設立の可能性が広がっている。

事例　映画「人生ここにあり」

　「人生ここにあり」は精神病院が廃止されたことを契機にして生まれた実話を映画化している。この映画の影の主役は「バザリア法」である。時代設定は 1983 年で、ミラノに住む主人公が社会的協同組合を創設し、精神疾患の患者を社会的包摂への途へと導いていく。

　注目したいのは、先に触れた「バザリア法」によって閉鎖された病院の元患者たちによるＢ型社会的協同組合で奮闘する姿である。彼らは精神病院を出され、行き場のない患者たちである。主人公は稼げる仕事を提案す

るものの、会議はまとまらず、事業の体をなさない。また、メディケーションのエピソードも出てくる。組合員たちは失敗を重ねるものの、何とか前向きに進んでいく。必見の名画である。

（4）韓国の社会的企業

韓国は、1948 年に朝鮮半島の南部で大韓民国樹立を宣言した。国家元首は大統領で、行政も大統領が指導的立場にある。1960 年代半ばから経済発展を遂げたことにより、日本に次いでアジアでは 2 番目の OECD（経済協力開発機構）の加盟国となっている。儒教の影響が強い一方で、キリスト教徒も多い。

社会起業の関係では、「社会的企業育成法」（2006 年制定、2007 年施行）がある。同法の狙いは、「脆弱階層」の雇用創出や社会サービスの提供にある。脆弱階層とは、「自身に必要な社会サービスを市場価格で購入することが困難な階層や労働市場の通常な条件で就職が特に困難な階層」のことである。政府が社会的企業を認証しており、2012 年 12 月までに 811 か所が認証済み（予備的社会的企業は 1682 か所）となっている。タイプは、民間企業、非営利法人、社会福祉法人、生協などさまざまである（秋葉 143-145）。

分野は、社会福祉、環境、教育などさまざまで、高齢者のケア、施設の清掃管理、レストランなどが多い。総雇用者数は、2007 年の 2539 名から 12 年には 1 万 8689 名に増加している。

社会的企業育成法の特徴は、手厚い財政支援である。
①脆弱階層雇用のための人件費支援、
②直接支援（税制減免など）、
③間接支援（経営コンサルティングなど）
（秋葉 138-140）

事例

　2007 年、社会的企業育成法が施行されており、現在 100 店舗以上を展開している。「美しい店」、クッキーの生産販売を行う障がい者の就労支援施設「We Can」、環境パフォーマンスグループ「ノリダン」等が認証されている。他方、社会的企業を支援する中間支援組織も充実してきた。

　朴元淳は 2006 年、市民参加型シンクタンク「希望製作所」を結成し、翌 07 年所内に「小企業発電所」[10]を設置しており、財閥企業と連携した社会的企業の設立支援を行っている。社会的企業の拡大に追い風が吹き、市民社会に社会的企業が認知されていった。

　社会的企業育成法成立以前から、貧困層をサポートする「自活支援センター」があった。格差拡大や貧困問題の深刻化に対処するために、盧武鉉政権（進歩派）が新法を制定している。しかし李明博政権（保守派）の政策変更により、市民社会、民間企業、行政の連携による社会的企業発展のシナリオは頓挫したが、現在は社会的企業の持続性に重点を置いた支援が続けられている[11]。

3　社会起業の肝、ソーシャル・イノベーション

(1) ソーシャル・イノベーションとは

　社会起業はソーシャル・イノベーションを生み出していくのが身上である。では、ソーシャル・イノベーションとは何なのだろうか。

　ソーシャル・イノベーションは、社会の仕組みがうまく社会問題に対応できていない時に、問題の解決を導く斬新なアイデアや手法を指す。それが実践された時にイノベーションが生まれたことになる。

　それは、社会全体に資する活動を今までの手法とは違う形で、社会的目的を満たすために機能する新たなアイデアから始まる。漸進的な変化から生まれる改善、発明から生まれたイノベーションとは微妙に区別される。

ソーシャル・イノベーションは「社会的な目的」を達成するとされるが、営利ビジネスとの違いはどこにあるのだろうか。

一般のビジネスは自社や自分の「利益の最大化」を求める。営利組織だからである。したがってビジネスの世界における「イノベーション」は、究極的にはそれを起こした人や組織の「利益の最大化」が含まれることになる。

それに対し、ソーシャル・イノベーションは、問題の悪化、システムの機能低下、現在の問題に対応できない時代遅れの制度といった社会の仕組みの機能不全を打ち破るところに特色がある。このことを分野で確認してみよう。

・平均寿命の延びにより、年金や介護などでの新たな方法がソーシャル・イノベーションを必要とする。
・気候変動により、都市や交通システム、エネルギーなどで新しい考え方が必要になっている。
・国や都市における多様性の増大により、学校教育や言語教育で画期的な方法が必要になっている。
・社会階層や格差の広がりにより、暴力や心の病といった社会悪にかかわる格差の拡大への対策が必要になっている。
・長期疾患の増加により、関節炎、うつ病、がんなどへの対策が必要になっている。
・豊かさゆえの問題行為に対して、肥満、間違ったダイエットなどへの対策が必要になっている。
・成人期への移行の難しさに対して、10 代の若者のキャリアなどをうまく導く新たなやり方が必要になっている。
（Mulgan, Tucker, Ali and Sanders 2007）

このようにみてくると、私たちの社会には問題が山積しており、これらの課題に対して新たな解決方法が求められていることに気づく。過去のソーシャル・イノベーションの歴史をひも解いてみると、医療保障システム、労働組合や協同組合（例：ロバート・オーウェンの社会改良活動）、社

会運動や女性解放運動（フェミニズム）がある。今実験的に試みられている「ベーシック・インカム」もまさにその例である。[12]またソーシャル・イノベーションを起こす主体は、社会起業家などの個人、政策提言などを含む運動（社会運動、人権運動）、組織（民間企業、NPO、行政など）である。

社会起業家の父ロバート・オーウェン

1771-1858 年。イギリスの初期社会主義者。産業革命期に徒弟から身を立て、紡績工場の経営者に上りつめた。ニューラナークにあった工場において、労働者の生活環境と労働条件の改善に意を払った経営を行い、ゆとりのある社宅、保育施設、教育制度を実現した。同時に、工場法運動や生活協同組合運動を指導し、全国労働組合大連合の結成にも尽力した。産業革命期に、ソーシャル・イノベーションを実践した人物である。

---

(2) ソーシャル・イノベーションを起こす4つの社会起業群

ソーシャル・イノベーションを創発する4つの社会起業群のパターンを簡単に紹介しておく。

① 「社会的企業または収益グループ」

　　社会的目的を達成するために、非営利組織による商業活動を行うというとらえ方をしている。組織や収益に焦点を当てているのが特徴で、主にアメリカ、イギリスでみられる。

② 「EMES（エメス，L'Émergence des Entreprises Sociales en Europe）グループ」

　　EU の立場を表明したもので、ガバナンスや組織に焦点を当てている。背景にあるのは、協同組合や連帯の伝統である。市民集団による自律的な組織を志向しており、地域貢献という目的、資本所有に基づかない参加型の意思決定を重視している。

64　第Ⅰ部　概要編　社会起業の理論的枠組み

図 3-2　社会起業をめぐる 4 つの理論

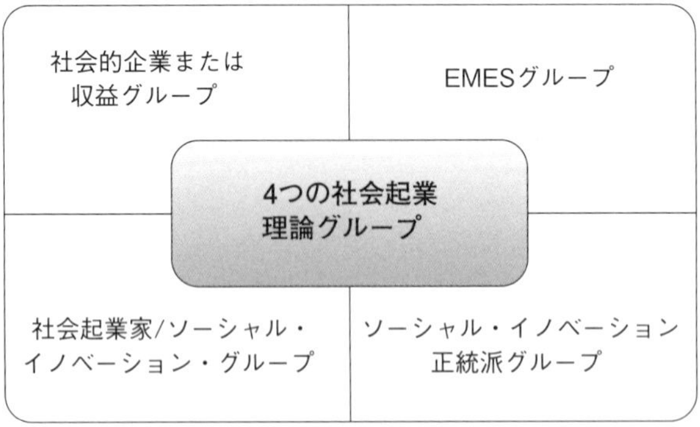

社会的企業または 収益グループ	EMESグループ
社会起業家/ソーシャル・ イノベーション・グループ	ソーシャル・イノベーション 正統派グループ

**4つの社会起業
理論グループ**

出典：Mulgan,Tucker and Sanders（2007）

③「社会起業家／ソーシャル・イノベーション・グループ」

　　革新的な手法で社会問題に取り組む個人としての社会起業家を重視する。社会的インパクトや個人としての社会起業家に焦点を当てており、社会問題の解決に商業的な起業家精神（entrepreneurship）を重視する。主にアメリカ、南アジアでみられる。

④「（正統な）ソーシャル・イノベーション・グループ」

　　社会起業家や社会的企業などのネットワークを通したセクター横断的なソーシャル・イノベーションを重視する。社会的理念や社会的インパクト、個人に焦点を当てており、イノベーション理論や公共経営論を重視する。主に EU、カナダ、オーストラリアでみられる（Mulgan, G., Tucker, S. and Sanders, A. 2007）。

　以上から、4 つの社会起業理論グループの分派で分かることは、社会貢献活動における市場との距離感である。経営マインドやイノベーションを志向するグループは市場に親和的であるのに対し、市場から得られた利益を社会化しようとするグループはその果実を社会的に共有しようとする。後者は、行き過ぎた資本主義へのアンチテーゼを意識しているのである。

4 まとめ

　4つの国々を比較してみると、①アメリカは、市場志向が強く、代表例はL3C（営利追求に制限あり）である。②イギリスも一部の社会的企業では市場志向が強いが、非営利系の組織も手堅い活動を展開している。代表例がCIC（コミュニティ重視）である。③イタリアは、協同組合の盛んな国で、社会的協同組合が代表例である。④韓国は、行政主導であり、市民社会に根差した組織が弱い。

　「企業」志向が強いのは、アメリカとイギリスである。組織は誰のものかという「所有」の観点から、協同組合志向が強いのはイタリアである。「政府」の方針に左右されているタイプが韓国となる。

　どの程度まで市場への接近を図るのか、そのなかでどの程度まで社会性を高めるのか。社会起業の特性は国によって異なり、また社会起業アクターの個性にも依るところが大きい。

注

(1)　アメリカの政治学者ロバート・パットナムは、イタリアの北部と南部で州政府の統治効果に南北格差があるのはソーシャル・キャピタルの蓄積の違いによると指摘し、人々の協調行動を活発にすることによって社会の効率性を高めることのできることや、「信頼」「規範」「ネットワーク」といった社会的仕組みがソーシャル・キャピタルの成立の条件であると指摘した。また、パットナムはソーシャル・キャピタルには組織の内部における人と人との同質的な結びつきで、内部で信頼や協力、結束を生む「結合型」と、異なる組織間における異質な人や組織を結びつけるネットワークにつながる「橋渡し型」に大別し、ソーシャル・キャピタルの性質に内部志向と外部志向があることも指摘している。

(2)　ガバナンスは、単に「統治」という概念ではおさまらない。すなわち、次のより広い構成要素からなる。分権、ネットワーク、コンセンサス、市民社会志向、自己組織（自主的秩序志向）。

(3)　個々の社会的企業を支援する組織を中間支援組織という。これは社会的企業の立ち上げやその後の事業展開を支援する"伴奏型"の団体である。コンサルティング、コーディネート、調査・政策活動、事業の評価のみならず、人材育成・人材発

掘、社会的価値を創出する事業も行う。

(4) アメリカの社会的企業連合による社会的企業の定義は以下の出典に基づいている。https://socialenterprise.us/about/social-enterprise/（検索日 2017 年 10 月 1 日）。

(5) ティーチ・フォー・アメリカの批判については、鈴木（2014）および Goldstein（2014）が詳しい。

(6) 「KOBE ソーシャルビジネスマーク」については、神戸市ソーシャルビジネスの HP を参照してほしい。
http://www.city.kobe.lg.jp/ward/activate/participate/socialbusiness/index.html#midashi86100

(7) 協同組合は、出資・経営・労働を組合員全員が担い合う組織である。働くもの同士の協同、利用者・家族との協同、地域との協同を目指して、地域再生・まちづくりを実践している。

(8) イギリスにおけるチャリティ団体は、民間非営利組織の中でも、特に博愛主義的な精神に基づいて古くから社会問題に取り組んできた。

(9) バザリアは精神科医で、精神病院の廃絶と地域で治す精神医療の創出に尽した人物である。

(10) 小企業発電所は「社会的企業」「地域小企業」「代案企業」の育成、支援を意図して設立された。

(11) 秋葉武「韓国の社会的企業」（山本隆編著『社会的企業論 もうひとつの経済』所収）で詳しい説明がされている。

(12) 「ベーシック・インカム」とは、国がすべての国民に無条件で毎月、一定額の基礎所得を与えるという社会保障制度である。生活保護や失業手当と比べると、すべての人に無条件に支給するというのが、大きな違いである。ただし、正式に導入している国は 1 つもない。

【参考文献】

秋葉武「韓国の社会的企業」山本隆編著『社会的企業論 ——もう一つの経済』法律文化社、2014 年。

クラッチフィールドとグラント（服部優子訳）『世界を変える偉大な NPO の条件』ダイヤモンド社、2012 年。

コップ、ウェンディ（松本裕訳）『世界を変える教室 ——ティーチ・フォー・アメリカの革命』英治出版、2012 年。

ジョンソン、ノーマン「イギリスの社会的企業」山本隆編著『社会的企業論 ——もう一つの経済』法律文化社、2014 年。

鈴木大裕「教育を市場化した新自由主義改革 ——崩壊するアメリカ公教育の現

場から」『Journalism 4 月号』朝日新聞社、2014 年。

原聖吾「アメリカの社会的企業」山本隆編著『社会的企業論 ——もう一つの経済』法律文化社、2014 年。

みずほ総合研究所「ソーシャルインパクトボンド」https://www.mizuho-ri. co.jp/publication/research/pdf/research/r141101keyword.pdf（検索日：2017 年 9 月 30 日）。

ラ ラ ッ タ、ロ ザ リ オ「イ タ リ ア の 社 会 的 企 業」山 本 隆 編 著『社 会 的 企 業 論 ——もう一つの経済』法律文化社、2014 年。

Goldstein, Dana, Teach for America has faced criticism for years. Now it's listening — and changing, 2014.
https://www.vox.com/2014/9/5/6079493/teach-for-america-criticism-changing（検索日 2017 年 12 月 5 日）.

Social Enterprise UK, *Fight Back Britain*, 2011. https://www. socialenterprise.org.uk/Handlers/Download.ashx?IDMF=0d8ab40d-8dd7-49e3-87d2-8329aca3ce05（検索日 2012 年 10 月 10 日）.

Mulgan, G., S. Tucker, R. Ali and B. Sanders, *Social Innovation;Whatit is, why it matters and how it can be accelerated*, Skoll CentreforSocial Entrepreneurship, Working Paper, The Young Foundation, SaidBusiness School, Oxford University, 2007.

第 II 部 事例編

各国での社会変革へ向けた活動

第4章

ICTを基盤とした
少子高齢化問題への対応

1　少子高齢化とICT化

　少子高齢化の急激な進行にともない、私たちは、世界のどの国も経験したことのない激しい変化に直面している。これまでの常識が通用しない変化と多様で困難な社会的課題に向き合い、新しい社会・経済・生活の構築を迫られているのである。時期を同じくしてICT化・情報化が急速に進展し、テクノロジーの進歩と普及、情報活用の広がりによって大きな変革がもたらされようとしている。ICT化・情報化は、新しい時代を産み出す原動力として大きな期待を集め、少子高齢社会の社会的課題への対応に有力な手段として期待を集めている。

(1) 少子高齢化にともなう社会的課題の拡大

　少子高齢化とは、出生率の低下と平均余命の伸びによって、総人口に占める子ども世代の割合が低下し、高齢者世代の割合が増加することをいう。総人口の減少や働き手の軸となる生産年齢人口の減少などが同時に進行することによって、社会・経済や人々の生活が大きな影響を受ける。

　一般に65歳以上の高齢者人口が総人口に占める割合（＝高齢化率）が

7-14％の社会を「高齢化社会」、14-21％の社会を「高齢社会」、21％を超えた社会を「超高齢社会」と分類しており、わが国は、1970年に7％水準、1994年に14％水準、2007年に21％水準を超え、近年では25％を超えてさらに上昇を続けている。

　また、1人の女性が一生の間に出産すると見込まれる子どもの数を示す合計特殊出生率は、第1次ベビーブーム期（1947-1949年）には4.3を上回っていたが、1950年以降急速に低下し1960-1970年代前半には同じ規模での人口再生産に必要な2.1前後を維持する程度となり、1970年代後半以降はその水準を割り込んで人口減少傾向が定着した。そして1990年代にはさらに低下して1.5以下、2000年代前半には1.3-1.2程度の水準にまで落ち込み、2000年代後半以降微増傾向をたどってはいるが、大幅な回復の可能性は低いとみられている。

　国立社会保障・人口問題研究所の推計[1]によれば、少子高齢化は、今後さらに進行し、2065年には、65歳以上人口の割合が38.4％に達して国民の約2.6人に1人となり、医療・介護等のリスクが高い75歳以上人口（後期高齢者）は25.5％、約4人に1人となる。子ども世代にあたる15歳未満人口は同年に10.2％になると見込まれており、高齢者世代の3分の1以下となる。また、総人口の減少も著しく、2060年代には、総人口が最も多かった2008年頃から30％以上少ない8800万人程度になるとみられている（図4-1）。

　こうした激しい人口構造の変化にともなって、さまざまな社会的課題が表面化し深刻化している。

　たとえば、主要な働き手であり消費の担い手でもある生産年齢人口の減少によって、人手不足による社員やアルバイトの確保困難、サービスの低下、料金引き上げなどが生じ、顧客の減少により営業店舗の削減や事業の縮小を余儀なくされるといった事態が多発している。人口減により、商業施設の減少や交通機関の減便・廃止、産業の衰退などが進み、活力を失っていく地域も増えている。

　また、高齢者の増加により、公的年金や医療保障、介護サービスなどの社会保障給付費が拡大し、社会保険料の引き上げや増税による社会的な負

第 4 章　ICT を基盤とした少子高齢化問題への対応　73

図 4-1　高齢化の推移と将来推計

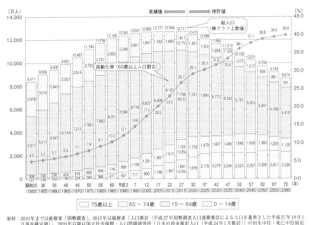

出所：『平成 29 年版高齢社会白書』内閣府、2017 年

担が拡大する一方で、後期高齢者を中心とする要介護高齢者の増加により、介護離職、老老介護などに象徴される介護負担の深刻化が進んでいる。さらに、一人暮らし高齢者が急速に増加し、孤立への対応をはじめとする社会的な支援も必要性を増す。

　これらは、少子高齢化の進行によって引き起こされている多くの社会的課題の一部だが変化の激しさや状況の深刻さを物語っている。先ほども述べたように、私たちは、これまでの常識が通用しない新しい社会と時代に直面しているのであり、対応と乗り越えていくために大きな変革を迫られている。

(2) ICT 化と情報化がもたらす大きな変化

　一方で、パソコンやスマートフォン、インターネットなど ICT（情報通信技術）を活用した電子機器や情報通信ネットワークの発達と普及（＝ ICT 化）、ソーシャル・メディアや動画・音楽の配信サービス、ネット通販や電子決済などデジタル化された情報の活用（＝情報化）が、1990 年代頃か

74 第Ⅱ部 事例編 各国での社会変革へ向けた活動

ら、私たちの社会・経済・生活を急激に変えつつある。

　特に注目されるのが、今世紀初頭に本格化したソーシャル・メディアの発達と普及である。ソーシャル・メディアは、Twitter や LINE、Instagram といった SNS（Social Networking Service）など、双方向のコミュニケーションを簡単に行うことができる各種のインターネット・サービスを指す。ユーザーは、これらのサービスを利用することで、情報の発信・交流・共有等を手軽に行い、時間と距離を超え、関心や興味、問題意識などを共有する仮想のコミュニティに参加することができる。

　ソーシャル・メディアの登場によって、インターネットの利用者は、Web サイトを見ることが中心の受け身な存在から、積極的に参加し情報発信を行う能動的な存在へと大きく転換した。そして、インターネットが社会的な活動の場としての側面を拡大するようになり、個人の行動や意見が大きな社会的影響力を発揮するようになってきた。ネットへの書き込みが大きな反響を引き起こし、同意や支持、共感、批判や反論などのコメントが、時には連携や連帯、時には対立や反発、時には「炎上」（フレーミング）と呼ばれるような混乱を生むという事態は、今では珍しいことではない。その結果、社会的な動きや波紋が広がることも多く、大規模災害の発生した際の支援活動や政治体制の変革などにも大きな役割を果たし[2]、ビジネスの領域でも積極的に活用されている。

　さらに、AI（Artificial Intelligence: 人工知能）や IoT（Internet of Things: モノのインターネット）、音声認識、スマートスピーカーといったテクノロジーの革新や、ビッグデータ（big data）など情報活用の新たな展開によって、ICT 化・情報化は今後さらに加速し、社会・経済・生活に与える影響もより一層大きくなっていくと考えられる。

2　ICT と情報を活用した少子高齢化問題への対応

　このように、大きな可能性を秘めた ICT 化と情報化の進歩を、少子高齢化にともなうさまざまな社会的課題への対応に活用しようとする動き

が、国や地方自治体をはじめ、企業や非営利団体、地域コミュニティなどにおいて活発化している。

(1) 手段としてのICT、資源としての情報

取り組みの軸になっているのは、次のようなICTや情報の活用である。

①情報収集・調査・企画

　　社会的課題の掘り起こし、ニーズの把握、行政・企業・NPO などの先行事例や利用可能な社会資源のリサーチなど、社会的課題への対応を企画・立案・構築するための活用。

②事業運営・事業経営

　　社会的課題の解決・改善や当事者への支援のための取り組みを事業として具体化するツールや事業経営を支援するツールとしての活用。

③資金・財務のための活用

　　事業としての社会的課題への取り組みを具体化し、展開・継続していくために必要な資金の確保や財務のための活用。

④情報発信・情報共有

　　社会的課題の実態や取り組みの状況を広く発信することで、社会的な理解や支援、信頼や評価を得るとともに、多くの人々や他の組織と交流し、認識や問題意識の共有により連携や連帯を推進していくための活用。

このような活用にあたっては、パソコンやスマートフォンなどのデバイス（機器）、それらで使用される各種のソフトウェア、インターネット、無線 LAN などといったテクノロジーが、目的や状況に応じ手段として、あるいは道具として、選択され組み合わされて利用されている。また、これらによって扱われている情報は、生活や地域の問題・課題に関する情報や問題・課題の解決・改善あるいは当事者を支援のための取り組みに関する情報など、課題解決あるいは変革のために活用される資源としての役割を担っており、「手段としてのICT」を活用するスキルと「資源としての情

報」を取り扱うスキルが必須となっている。

(2) 期待を集める取り組み事例

次に、少子高齢化にともなう社会的課題への ICT や情報を活用した取り組み事例を紹介することにしたい。とはいえ、ICT や情報の活用が一般化し、広くあたりまえに使われているだけに、ほとんどの取り組みが何らかの形でこれらを活用しており、特徴的な事例はむしろ限られている。

また、背景や事情が異なるため個々の評価が難しく、新たな取り組みが多い反面短期間のうちに事業を停止する場合も少なくないなど変化も激しい。そのため、特徴的な取り組みを個別に取り上げることは難しく、件数も限られている。そこで、ICT や情報を活用する可能性を理解してもらえるよう、近年、期待を集めている取り組みの概要を紹介したうえで、インターンネット検索エンジンの検索キーワードを示し、読者の検索による最新状況の把握に委ねることにした。なお、掲載したキーワードは、「高齢者」を主にしているが、「子ども」「子育て」「障がい者」「地球」など他のキーワードに入れ替えると実態把握の幅がさらに広がるだろう。

ICT 機器を活用した高齢者見守り活動

ICT の機能を活かした事業運営・事業経営の例として、各種のセンサーなど ICT 機器を活用した高齢者見守り活動がある。

少子高齢化の進行にともなって、一人暮らしや夫婦のみの高齢者世帯が増加しているが、子どもや親族がいない、あるいは遠隔地にいるなどの理由により、緊急時や日常の対応が困難なケースも多い。

高齢者や親族の不安に応え生活の支援を行うため、高齢者が湯沸かしポットを使用するたびに電子メールで通知するものから、電気・ガス・水道の使用状況などに異常があった際に対応を行うもの、心拍数や呼吸数、室内の人の動きや照度・温度、ドアや窓の開閉状況などをセンサーでとらえ生活状況に異常が検知された際に通知・対応するもの、高齢者が身につ

けている端末機器のコールボタンを押すことで緊急対応するものや定期的に電話で安否確認を行うものなど、サービスの種類は非常に多様である。また、行政サービスとして行われているケースや、電気・ガス会社、警備保障会社などが企業活動として行っているケース、NPOなど非営利団体が行っているケースなど、実施形態も多様である。

　一人暮らし高齢者の増加は、今後さらに進むため、営利・非営利の取り組みが拡大していくとみられ、地域の連携や支え合いの基盤となることが期待される。また、地域包括ケアなど、医療・介護における居宅系サービス重視の傾向が強まるなか、居宅で医療や介護を受ける利用者の状態を効率的に見守る仕組みとしても期待されている。

高齢者　見守り　センサー　NPO	🔍 検索

クラウドファンディングによる資金調達

　インターネットを活用した資金・財務のための取り組みの例として、クラウドファンディングによる資金調達がある。

　クラウドファンディングとは、Crowd（クラウド：群衆）とFunding（ファンディング：資金調達）からなる造語で、『「こんなモノやサービスを作りたい」「世の中の問題を、こんなふうに解決したい」といったアイデアやプロジェクトを持つ起案者が、専用のインターネットサイトを通じて、世の中に呼びかけ共感した人から広く資金を集める方法』[3]であり、営利的な起業にも多く利用されている。

　少子高齢化に関連するテーマとしては、たとえば「買い物弱者の高齢者のための移動販売車購入」「高齢者の歌声広場をライブハウスで」「児童養護施設から巣立つ新社会人にスーツを贈る」「マタニティハラスメント撲滅のためのイベント開催」などといった目的に、少額から多額まで多様な資金調達の提案が行われている。

　クラウドファンディングは、インターネットの利用により多くの人々から、素早く資金を調達することが可能で、金融機関の融資や公的助成など

78 　第Ⅱ部　事例編　各国での社会変革へ向けた活動

を受けにくいケースや災害発生時などスピーディな資金調達が必要とされる場合にその効果を発揮する。

　なお、クラウドファンディングのためのインターネットサイトの利用には、開設主体によって異なるが、数％から 20％程度の手数料が必要となる。今後、課題に密着した社会的起業や地域における社会的課題への取り組みが広がるなかで、資金調達の有力な手法として成長していくとみられる。[(4)]

| 高齢者　クラウドファンディング | 🔍 検索 |

| クラウドファンディング　比較 | 🔍 検索 |

スマートスピーカーの活用

　情報発信・情報共有のための取り組みの例として音声認識技術と AI の組み合わせであるスマートスピーカーの活用がある。

　高齢者や家族、子育て中の人々にとって、それぞれの抱える生活上の問題に関する情報の入手は切実な課題であり、同じ問題を抱える人々や関係者との交流や連携を図るうえで情報の共有が非常に重要である。

　今日では、情報の発信・共有などのツールとして、ソーシャル・メディアが大きな地位を占めており、今後もさらに拡大していくことになると思われる。問題は、人気があり多くの人が利用するソーシャル・メディアのサービスが、速いペースで移り変わり、追随することが容易ではないという点である。世代毎に利用しているサービスが異なり、事実上の世代間ギャップとなって情報の共有や交流・連携のバリアを形成している。親世代は子ども世代の利用しているサービスの使い方すらわからず、子ども世代は親世代の利用しているサービスを使おうともしない。さらに、高齢者世代にとっては、携帯電話からスマートフォンへの移行のように、デバイス（機器）の進歩について行けない場合も多く、ギャップはさらに広がってしまう。

高齢化がさらに進み、高齢者世代が社会の大勢を占めるようになるなかで、このようなギャップを乗り越えるには、ICT の操作性を大きく改善する必要があり、その鍵になると期待されているのがスマートスピーカー（AI スピーカーと呼ばれる場合もある）である。2017 年末頃から販売が本格化したスマートスピーカーは、普通の話し言葉で、「明日の天気は？」などと話しかけると音声を認識して返事・回答したり、エアコンや照明、テレビの操作、買い物などができるデバイスもある。

　今のところ対処できる機能には限りがあり成長過程であるが、音声認識の導入によって操作性の壁を超える目処が立ち、ソーシャル・メディアの使いこなしなどもシステム側で対処できるようになると期待されている。そして、情報の入手はもちろんのこと、情報発信・情報共有が誰にとっても容易になることで、世代を超え、時間と距離を超えた交流や連携の可能

性が大きく広がることになる。

3　社会起業による ICT と情報の活用

　このように、少子高齢化にともなう激しい変化と深刻化する社会的課題に立ち向かい、社会・地域・生活などのあり方を変革していくうえで、ICT と情報は大きな可能性を秘めている。社会的起業による当事者サイドに立った活用と取り組みにとって有力な手段であり資源でもある。今後、技術やデバイスの発展により、社会のあり方を変えていく活用がさらに進むことだろう。

　ただ、注意しなければならないのは、ICT と情報の活用には、メリットばかりではなく、デメリットもあるという点である。

　ICT 化と情報化は、私たちに多くのメリットをもたらした。なにより

も、生活と社会の利便性が向上し効率も大幅に改善され、かつては想像も
できなかったことが容易に行えるようになった。ICT 化と情報化のもたら
したメリットは計り知れない。

　しかし、個人情報をめぐるさまざまなトラブルや事件は頻繁に起こって
いるし、情報システムや情報ネットワークの故障や障害が引き起こす影響
も甚大であり、利便性が損なわれるだけではなく、社会・生活が大きな危機
にさらされることさえある。また、コンピュータの使用やインターネットの
利用に困難や障壁のある人々や地域が被っている格差や弊害（いわゆるデジ
タル・デバイド）も深刻で、ICT 化・情報化が進展し享受できるメリットが
拡大すればするほど格差や弊害が拡大してしまうという現実がある。

　テクノロジーは、どのような目的で利用されるかによって結果や成果、
評価が大きく異なる。ノーベル賞の礎となったダイナマイトの例を引くま
でもなく、破壊や殺戮に用いられるテクノロジーと生活の安定や豊かさの
ために使われるテクノロジーが共通しているケースは珍しくない。テクノ
ロジーが、格差や弊害を生み増幅していることも稀ではない。テクノロ
ジーは、あくまでも手段であり、さまざまなメリットをもたらし生活や社
会をよりよい方向へ変えて行く可能性と、デメリットをもたらすリスクや
限界を併せ持っている。私たちは、こうした点を十分に理解したうえで、
生活と社会をよりよい方向へ導くために、ICT 化や情報化に向き合い活用
していかねばならない。

注

(1)　2017 年 4 月に国立社会保障・人口問題研究所が公表した「日本の将来推計人口」
　　による。
(2)　東日本大震災（2011 年 3 月）の際に果たした役割や、ジャスミン革命（2010-2011
　　年）と呼ばれるアラブ諸国の民主化運動に与えた影響などが代表的な例である。
(3)　A-port（https://a-port.asahi.com/guide/）記載の『「クラウドファンディング」
　　言葉の由来』を参照（検索日 2018 年 3 月 31 日）。
(4)　クラウドファンディングカンファレンス「【2017 年版】日本のクラウドファン
　　ディングまとめ」（https://foundplanner.com/2017-all-crowdfunding/）による（検
　　索日 2018 年 3 月 31 日）。

第5章

スポーツを活かしたまちづくり

1 マネジメントの意味と手段としてのスポーツ

(1)「スポーツをする」とは？

　普段、あなたはスポーツをしていますか。あなたはスポーツをみていますか。スポーツをする・みるためには何が必要ですか。なぜスポーツをする・みるのですか。

　たとえば、スポーツをするには、「一緒にスポーツをしてくれる友人」「スポーツができる施設・場所」「スポーツをするための用具・用品」「スポーツができる服装やシューズ」「スポーツをするためのお金」「スポーツをする時間」などが必要になるだろう。スポーツをする目的は、「健康の維持・増進」「体力向上やダイエットによる自信創出」「ストレス発散」「家族、友人との交流」などが考えられる。つまり、「スポーツをする」ということは、何らかの課題解決（欲求・ニーズの充足）を目的に、そのための手段として「スポーツをすること」を選択し、自らが持つ限りある経営資源（ヒト、モノ、カネ、情報、時間、ノウハウ）をそこへ集中させ、時間、場所、用具、友人などの確保により目的達成へ近づいていく行為なのである。

　組織が行うスポーツ事業も同じで、健康、医療、教育、雇用など、社会や地域が抱える何らかの課題を解決し、「人間の幸せ」「よりよい地域づく

図 5-1　目的を達成するための手段としてのスポーツ

出所：筆者作成

り」「青少年の健全育成」などに貢献するための手段としてスポーツを選択し、経営資源を集中させることで目的を達成しようとしているのである（図 5-1）。ここで重要なことは、組織が地域にとって必要不可欠な存在となり、さまざまなステークホルダーから支えてもらうために経営資源をどのようなマーケティング活動、オペレーション活動に集中させていくのかを検討・実施していくことである。

このように、自らが持つ限りある経営資源の最適配分を通し、目的達成を実現する方法の体系のことをマネジメントという（原田 2006：42）。

(2) スポーツを「使う」

スポーツをする人は、健康の維持・増進、ダイエットの成功や筋肉質な身体の獲得による自信創出などを目的に、競技スポーツに取り組む人は、勝利や技術獲得による自己実現、達成感獲得などを目的に、スポーツをみる人は、ストレスの発散、家族や友人との交流などを目的にスポーツを手段として選択し、「使っている」のだ。

スポーツ組織も同様に、よりよい地域づくりや青少年の健全育成などを目的にスポーツを使い、地域に存在する課題、住民が抱えている課題を解決することで、事業のサステナビリティ（持続可能性）を強化しているのである。するスポーツ事業の代表例としては、フィットネスクラブ、テニスやスイミングに代表されるスクール事業、マラソン、トライアスロン、自転車レース、トレイルラン等に代表されるスポーツイベントなどがある。みるスポーツ事業であれば、野球、サッカー、バスケットボールに代表されるプロスポーツ、オリンピック・パラリンピック、サッカー W 杯に代表されるメガ・

スポーツイベント、プロ野球独立リーグ、女子プロ野球に代表される小規模プロスポーツなどがある。

2 スポーツマネジメントの意義と目指すべき方向性

　マネジメントはスポーツを消費する側（スポーツ消費者）、スポーツを提供する側（スポーツ組織）の両者にとって不可欠なものであり、両者が具体的な活動を始めるには、そこにマネジメントが投入されなければならない（図5-2）。特に、スポーツ組織が行うビジネス活動において、マネジメントなしでは始まりも成功もあり得ない。効果的なマネジメントにより、スポーツの価値や有用性を高め、消費者にとって価値ある存在として認知されると、消費者の課題解決を目的とした経営資源の集中対象となる。そのことが消費者とスポーツ組織との間で行われるモノやサービス財（対価をともなう直接の取引対象としてのサービス）（小宮路 2010：149-178）の交換活動を促進させ、組織の経営安定やそれぞれの目的達成の可能性も高めていく。たとえば、フィットネスクラブへの入会者の増加は月会費・入会金収入の増加を招く。収入の増加は経営の安定化のみならず、スタッフやインストラクターの増員、トレーニング機器の購入や早期補修、きめ細かなサービス提供などを可能とし、フィットネスクラブの価値を向上させる。同時に、入会者はトレーニングに取り組むことで、健康な心身の獲得、自信や活力の獲得、新たな友達の獲得などが期待でき、会員の継続、

図5-2　マネジメントによって動き始めるもの

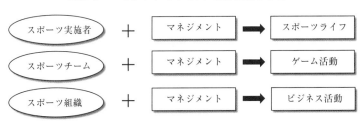

出典：山下ら（2005）

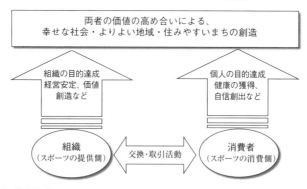

図5-3 スポーツマネジメントの意義

出所：筆者作成

　口コミやSNSを通した新規顧客獲得の誘発へとつながっていく。すなわち、スポーツという共通の手段を用いることで両者の価値を高め合い、なおかつ組織は組織の目的を、消費者は消費者の目的を達成していく。そして、それらの蓄積により、幸せな社会、よりよい地域、住みやすいまちを創っていく。これこそがスポーツマネジメントの本質や意義であり、目指すべき方向性である（図5-3）。スポーツを利用したお金儲けの手法だと思われがちだが、決してそうではない。

3　まちの現状とこれからのまちづくりに必要なもの

(1) 薄れゆくまちの個性

　現代において、一体どれだけの人が、「自分が住んでいるまちが一番好きだ」「このまちから離れたくない」「自分の住んでいるまちを自慢したい」と真に思っているであろうか。こういった感情や生活実感は薄れ、まちは単なる仕事の効率や機能を高めるための画一的な存在になってはいないだろうか。まちの印象は、見た目で判断されることが多いが、古くからある個人商店、商店街はさびれ、郊外にできた大資本をもつショッピングモー

ルが集客力を増し、全国チェーンを展開する飲食店もその数を増している。原田（2008：121）が指摘しているように、地方経済の停滞と風景の画一化は、そこに住む人の気持ちまでも停滞させてしまう。住民たちのまちを愛する気持ちは薄れ、個性あふれる若者もその土地から離れていく。あのまちに一度行ってみたいという来訪意図も彷彿されない。これが本当に住民の望む「幸せな」「豊かな」まちなのであろうか。幸せなまちとは、異なる人々がつねに出入りしながらも、そこに常に何らかのコミュニケーションが生まれ、コミットメントが生まれる場所であり（三浦 2004：190）、資本にものをいわせ、無個性なチェーン店を出す大手企業や、効率だけを考えた中央集権的に行われる行政によって作られたまちではない。

(2) 人口減少によるまちのにぎわいや愛着の喪失

　特に、地方都市では人口減少による経済規模の縮小、税収の低下、それらにともなう行政サービスの水準低下または有料化という課題に直面している。他方、高齢化による社会保障費の増額が必須となり、地方財政は増々厳しい状況にあり、地域住民の生活利便性は低下の一途を辿っている。生活利便性の低下は、「住みにくいまち」「住みたいと思わないまち」というネガティブなイメージを定着させ、さらなる人口減少を招く。人口減少は、住民組織の担い手不足による共助機能の低下、防災機能の低下、若年層の減少による地域の歴史、伝統文化の不継承を招く。住民の地域活動の縮小は住民同士の交流の機会減少を意味し、地域のにぎわいや地域への愛着が増々失われていく（国土交通省 2015：21）。

4　触媒装置としてのスポーツ

(1) スポーツのチカラ

このように、多くの地方都市が人口減少にあえぐなか、スポーツは住民

のまちや地域への誇りや帰属意識を喚起させ、にぎわいを生み出す魅力的な装置となる。

　なぜ、まちづくりにスポーツなのだろうか。スポーツには世界共通のルールがあり、それに基づくコミュニケーションが成り立ちやすいという特徴がある。親子間、友人間、住民間、それこそ人種、国籍、年齢、性別、職業、障がいの有無関係なく、言葉が通じなくてもスポーツを通じて仲良くなれる。自然と笑顔になれる。楽しさや喜び、幸せを共有できる。言葉でのコミュニケーションでは相手に伝わらなかったり、誤解されたりすることがあるが、スポーツにはそういったことがほとんどない。たとえ、初対面の人同士であってもスポーツを介在させればお互いのコミュニケーションが成り立ち、気軽につながることができる。このスポーツ特有の普遍性の高さは、地域コミュニティの希薄化、住民同士の交流機会の喪失が叫ばれて久しい現代において魅力的な要素なのである。

　また、スポーツには国や地域、まちへの帰属意識を高めるチカラがある。帰属意識とは言葉で教えて醸成されるものではない。醸成のためには、いろいろな活動によって自分がそこに属していることを強烈に実感させる場を創っていくしかない（堀ら 2007：23）。その点スポーツは、言葉で教えなくてもスポーツという場を与えるだけで、帰属意識が強く意識される。五輪やサッカー W 杯、高校野球などにおいて、日本代表や地元チームの応援に自然と力が入った経験を持つ人は多いだろう。

　さらに、スポーツは域外からの来訪者を呼び込むこともできる。するスポーツ事業であればイベント参加者が、みるスポーツ事業であればチームのファンがまちを訪れ、公共交通機関を利用し、飲食、宿泊を行い、お土産を購入する。これらの消費活動は雇用創出の可能性を広げ、経済の活性化を導く。そしてスポーツが持つポジティブなイメージを借りることでまちのイメージ向上や認知度の向上も期待できる。このようなスポーツのチカラはまちに対する帰属意識や愛着の低下、人口減少による経済規模の縮小、にぎわいの喪失に直面している地方都市のまちづくりにおいて大きな魅力となる。

(2) 触媒装置としてのJリーグ

　その意味からも、魅力的なまちづくりの触媒装置として起動しているJリーグの果たす役割は大きい。地域に密着したJクラブの出現は、経済効果をベースとした地域活性化やサポーターを核とした新しいコミュニティの形成、そして、地域のプライド（誇り）の喚起など、多様なイノベーションを発現させる駆動力となっている（原田ら 2013：10）。地域住民、自治体、地域企業、地域メディアらは自らの経済社会活動にポジティブな影響を与えてくれるJクラブを活用し、Jクラブは活用されることで自らのサステナビリティを強化していく。このようなwin-winの関係を構築することで地域力を育み、まちに個性を吹き込み、にぎわいを取り戻し、魅力的なまちづくり、地域活性化を実現している（図5-4）。

　これらJクラブに倣い、地域密着を掲げるチームは少しずつ増え始め、魅力的なまちづくりに向けた触媒装置としての役割が期待されている。

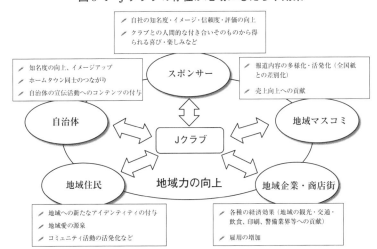

図5-4　Jクラブの存在が地域にもたらす効果

出典：日本経済研究所 2017年11月10日アクセスを一部修正・加筆

5　触媒装置としてスポーツが機能するために

　ここからは、スポーツ事業のなかでも、特にスポーツチーム（みるスポーツ事業）の運営に着目し、まちづくりへ向けたマネジメントのポイントについて述べていく。

(1) 地域での存在意義を可視化する

　前述のように、地域密着を掲げるチームは少しずつ増え始めている。代表的な例では、Ｊリーグ、Ｂリーグ、プロ野球独立リーグがある。すべてのチーム（B3リーグ除く）がチーム名に地域の名前を入れ、地域で住民らと共生していることを示している。

　しかしながら、住民はチームの存在意義を最初から認め、信用しているわけではない。スポーツ事業を通し、まちに元気を、まちににぎわいをといくら熱を込めても、理由なく応援・支援したり、課題解決のための手段として利用したりすることはほとんどない。住民にとって、試合が行われる夕刻の時間帯や休日は非常に貴重なものであり、これだけ娯楽が溢れている現代において、理由なくスポーツが選択されるほど日本においてスポーツ文化は定着していない。地域にスポーツが存在する意義を可視化し、住民からの信頼を得、スポーツ組織のサステナビリティを高めることができるかどうか。そのうえで住民のまちへの誇りと帰属意識を高め、来訪者にとっても魅力的なまちになることができるかどうか。そして、そのようなまちを自分たちでつくるという自覚を持たせることができるかどうか。これらがスポーツを活かしたまちづくりに求められる課題である。

(2) 地域の特色を反映させたチームづくりとコミュニティづくり

　スポーツチームのマネジメントというと、勝利すること、スポーツに興

味・関心を持つファンを増やすことを想像しがちである。選手やチームは勝利するために練習やミーティングを行い、スポーツファンを増やすためにルール解説や種目特性の説明を行ったりする。しかしながら、これらの活動で反応するのはおそらくスポーツに興味を持つ者のみであり、スポーツに興味を持たない者にとっては他人事となってしまうだろう。

　そうならないためにも、チームは地域に目を向け、地域の特色が反映されたチームづくりを行い、住民らとコミュニティを形成することが重要である。つまり、同じ目的を共有している仲間同士という関係性を構築し、コミュニティの一員としてチームを応援・支援してもらうのである。コミュニティづくりのための活動はスポーツ活動である必要はない。お祭りへの参加、清掃活動、農作業、福祉施設への慰問、学校訪問といった地域に根ざす活動を通し、地域に存在する課題、住民が直面している課題を解決していく。そして、住民との共感を生み出し、地域との絆を深めていくことができれば多様なステークホルダーがチームに関与しはじめる。ステークホルダーとの間に強いロイヤルティが生まれると、そのことがチームの経営を安定させ、ファンサービスや地域貢献活動の活性化、選手のモチベーション向上、さらなる地域課題の解決、経営安定化、地域密着化を促進させる。幸せな社会、よりよい地域への螺旋階段を上ることができるのである（図5-5）。実際に、Jクラブにおいて、地域活動の多さが入場者

図5-5　地域貢献活動による相乗効果

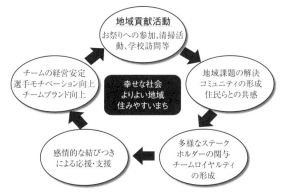

出所：筆者作成

数の増加に強く関係すること（松橋ら 2007:39-55）、地域貢献活動がチームアイデンティティを高め、そのことが観戦意図へ正の影響を与えることが報告されている（大西ら 2008:253-268）。

　これらのことから、スポーツチーム（みるスポーツ）を活かしたまちづくりにおいて不可欠なのは、スポーツファンづくりを目的としたチーム強化に関するマネジメントだけでなく、地域貢献活動によるコミュニティづくりを目的としたマネジメントを両輪としたチームづくりであるといえよう。

6　スポーツを活かしたまちづくりの事例

　ここまで述べたような、「スポーツによって地域を創り」「地域でスポーツを創る」という事業が、日本各地でさまざまなスポーツを通じて同時多発的に起こっている（松橋ら 2016:9）。ここで事例を紹介したい。

(1) プロ野球独立リーグ・四国アイランドリーグ plus とは？

　四国アイランドリーグ plus という四国4県を活動地域とするプロ野球独立リーグがある。本リーグは、本格的に野球を行う場所を失った若者にチャレンジの場を提供すること、野球を諦め新しい人生を歩み始める選手たちのための人間教育、野球界をはじめとするスポーツ界の裾野拡大（幼少期の子どもたちを対象に野球をはじめとしたスポーツの楽しさを伝える）を担うと同時に、地域の活性化と地域貢献も役割としている（四国アイランドリーグ plus HP　検索日 2017 年 11 月 13 日）。具体的な活動目的は以下のとおりである。

1　地域の人たちに「私たちのチーム」として応援して頂き、地域の〝にぎわいづくり″に貢献する。
2　野球教室の開催や地域のイベントやお祭り等への参加、ボランティア活動を通して、地域の皆様に奉仕する。

3 野球というグローバルな人気スポーツだからこそ可能なイベント興業を通し、四国への訪問者、経済効果に貢献する。

　これらの目的から分かるように、まちのにぎわいづくりや経済効果を目的とし、その手段としてスポーツ（野球）を選択し、経営資源の最適配分を通し、実現可能性を高めるというマネジメントを実践しているリーグだといえる。ただし、単に野球をしているだけでは住民らは興味・関心を持ってはくれない。「なぜここで野球をやっているんだ」と思われる限り、観客は増えず、スポンサーも集まらない。そのため、各球団はお祭りやボランティア活動への参加、農作業の手伝い、地域の清掃活動、野球教室の開催などを積極的に行うことで地域に溶け込み、球団と住民らとのコミュニティを形成し、地域住民から「自分たちの球団。育てていこう」という愛着を持ってもらう活動を行っている。野球の球団だから、野球を前面に押し出さなければならないという固定観念を捨てる（喜瀬 2016：144）取り組みを実施しているのだ。

(2) 愛媛マンダリンパイレーツ

　なかでも、愛媛県民球団株式会社が運営する愛媛マンダリンパイレーツ（以下、愛媛MP）は、2012年度より5期連続黒字決算を実現している（四国アイランドリーグplus 2017開幕記者会見資料 検索日 2017年11月18日）。さまざまな競技団体が地域密着を目指してはいるものの、圧倒的な成功例はみられず、小規模プロ野球観戦という文化がいまだ確立していない日本において貴重な事例だといえる。

　愛媛MPの特徴の1つに、「公式戦を行う試合会場の多さ」がある。2017年シーズンは計12球場で公式戦が行われた。これは、愛媛県内それぞれの地域住民から愛される球団を目指すためであり、多くの球場で試合を実施することにより、近くの球場に足を運んでもらいたいという球団の想いが反映されている。特に、愛媛MPが上島町の生名島で行う年1回の公式戦は、生名島の活性化や認知度向上、島のアピール機会の獲得に大きな貢

献を果たしている。しまなみ海道からも離れたこの島は、上島町の活性化という課題に悩まされていた。その課題解決のための手段として、愛媛MPの公式戦に着目し、活性化のきっかけを作ろうと考えたわけである。愛媛MPにかかわらず、リーグに所属する各球団は、熱心なコアファンにより支えられている。彼らは応援する球団と行動を共にし、四国各地で行われる試合会場へ足を運ぶ。その数は決して多くはないかもしれないが、生名島のような離島にとって、島外から来る観客は貴重な存在であり、島のアピール、来訪者数の増加、交流人口の増加への絶好の機会となる。

　このような地域貢献活動、地域活性化への取り組みは、本来であれば行政が担うべきであるが、それをスポーツ組織が野球を通して実践しているのだ。すなわち、行政機能の代替を球団が果たしているのである。行政側からすれば、自らが企画・立案・実行すべき取り組みを球団へ委託していることとなる。これらのことが評価され、2010年に愛媛MPは、愛媛県と県内全市町から出資を受けることとなった。「本来は行政がしなければならない地域活性化の活動を愛媛MPがやってくれている。だから県をあげて応援しよう」という声が上がり、県議会や各市町議会それぞれにおいて、全会一致で出資が決まったのである（musica lab　検索日2017年11月10日）。県内全市町が地元球団に出資するのは日本初のことであり、名実ともに「県民球団」となった（2010年3月31日付で球団の運営会社名を「愛媛MP球団」から「愛媛県民球団」に変更）。このように、愛媛MPは県内各地で地域貢献活動を実施することにより、愛媛県とwin-winの関係を構築している。

7　今後の課題

　ここまで述べてきたように、住民を中心としたステークホルダーから「おらがまちのチーム」と認識してもらうためには、チームが積極的に地域に溶け込み、交流し、理解されるよう努力しなければならない。つまり、「地域貢献」をしなければならないのだ。プロスポーツチームやスポーツイ

ベントは年々増加傾向にある。これらは、地域スポーツの核となり、人々の注目を集め、スポーツに親しむ機会を作る。時には地域振興のシンボルともなり、地域における重要な役割を果たす存在となる。しかしながら、これらを実現させるためには、地域を愛し、地域を盛り上げたいといった共通の目的を持ったコミュニティの一員としてスポーツ組織が認識されることが不可欠である。選手は、単にスポーツをして、それを観客に見せるだけではない。スポーツイベントは、単にスポーツ好きな人に参加してもらうだけではない。その背景で「スポーツを事業にする」ために、さまざまな地域貢献活動をしなければならないのだ。「スポーツファンづくり」でなく「コミュニティづくり」の視点を持ち、地域のお祭りや清掃活動への参加、学校訪問や福祉施設への慰問、スポーツ教室の開催などを通し、愛する地域への貢献を示す。地域でスポーツを育てる価値を示す。現代において、消費者は良いことをする企業を選別し、その企業から商品やサービスを購入することで、より良い世界を作ることに関与しようとする傾向がある。日々、地域の課題解決にチャレンジし続ければ、応援・支援してくれる住民、企業は必ず現れるはずだ。

　ブームをブームで終わらせず、スポーツを活かしたまちづくりを実践していくために必要なことは、スポーツ事業とまちづくりを別々のものとして考えるのではなく、互いに連動させ、一体として考えていく発想である。スポーツのチカラを理解し、そのチカラを利用できればローカリズムや個性に溢れた世界に１つしかないまちを創造することができるのではないだろうか。まちや生活の中にスポーツが浸透すれば、それは住民一人ひとりの生活のみならず社会全体の豊かさにもつながる。そのためにも、スポーツのチカラに着目したマネジメント学の研究や実践事例の蓄積が必要である。今後、増々スポーツのチカラに注目が集まることに期待したい。

【参考文献】

　大西孝之・原田宗彦「プロスポーツチームが行う地域貢献活動の消費者に与え

る影響大学生のチーム・アイデンティフィケーションと観戦意図の変化に注目して」『スポーツ科学研究』第5巻、pp. 253-268、2008年。

喜瀬雅則『牛を飼う球団』小学館、p. 144、2016年。

小宮路雅博「サービスの諸特性とサービス取引の諸課題」『成城大学経済研究』第187号、pp. 149-178、2010年。

国土交通省「平成26年度国土交通白書」人口減少が地方のまち・生活に与える影響、p. 21、2015年。

四国アイランドリーグplus「2017開幕記者会見資料リーグ・球団経営報告」2017年。http://www.iblj.co.jp/assets/uploads/2017/02/20170220_07.pdf（検索日2017年11月18日）。

四国アイランドリーグplus HP「四国アイランドリーグplusの役割」http://www.iblj.co.jp/league/（検索日2017年11月13日）。

日本経済研究所「Jクラブの存在が地域にもたらす効果に関する調査」p. 13、http://www.jeri.co.jp/solutions/pdf/solution_01.pdf（検索日2017年11月10日）。

原田宗彦「観客動員力No.1の阪神が、収益力No.1ではない理由」『Sports Management Review』VOL.1、ブックハウスエイチディ、p. 42、2006年。

原田宗彦「Jリーグという『セクシーな触媒装置』」『Number705』p. 121、2008年。

原田宗彦・押見大地・福原崇之『Jリーグマーケティングの基礎知識』創文企画、p. 10、2013年。

堀繁・木田悟・薄井充裕『スポーツで地域をつくる』東京大学出版会、p. 23、2007年。

松橋崇史・金子郁容「スポーツ組織マネジメントにおける地域コミュニティ戦略—— Jクラブの事例研究」『スポーツ産業学研究』第17巻第2号、pp. 39-55、2007年。

松橋崇史・金子郁容・村林裕『スポーツのちから——地域をかえるソーシャルイノベーションの実践』慶應義塾大学出版会、p. 9、2016年。

三浦展『ファスト風土化する日本——郊外化とその病理』洋泉社、p. 190、2004年。

musica lab HP「愛媛マンダリンパイレーツ／田室和紀『愛媛県と県内全市町が出資する県民球団。地域に支えられた球団経営の秘訣とは？』」http://musica-lab.co.jp/column/766.html（検索日2017年11月10日）。

第6章

高齢者の暮らしづくりと社会起業

過疎の島における NPO 法人の取り組みを事例として

1 超高齢社会における高齢者のイメージと実際

　日本は 2017 年現在、65 歳以上の高齢者人口は 3514 万人を超え、高齢化率は約 28％を超えた。このような超高齢社会において、高齢者問題といえば、多くの人が介護問題を想像するだろう。高齢者福祉論の講義のなかで、高齢者のイメージを学生に問うと、「知恵や経験が豊富」「時間とお金に余裕がある」「活発で楽しそう」といったポジティブなイメージとともに、「病気で身体が動かなくなる」「孤独でさみしそう」「邪魔にされそう」といった身体的精神的社会的な課題を挙げ、社会的孤立や病気、介護といったネガティブなイメージを抱く人が多い。

　しかし、厚生労働省が 2017 年 5 月に発表した「介護保険事業状況報告」を見ると、要介護高齢者の人口は 634 万人であり、実際に介護を必要とする人は高齢者人口の約 18％程度にすぎない。高齢者の多くは介護を必要とはしない暮らしを送っている。WHO の定義により、「健康上の問題で日常生活が制限されることなく生活できる期間」のことを健康寿命という。日本の高齢者の平均健康寿命は男性で71.19歳、女性で74.21歳であるが、平均寿命と比較すると男性で 9.02 年、女性で 12.40 年も短く、健康寿命を伸ばし平均寿命に近づけることが課題とされている。すなわち、高齢

者にとって平均余命の伸びは定年後の長い老後の延長であるが、ただ長く生きることだけではなく、いかに豊かに老いることできるかが重要である。できれば身も心も健康的な状態であることが望ましいが、たとえ老化や認知症により介護を必要とするようになったとしても、豊かな老いを可能にする暮らしをつくることが必要とされている。

2　高齢者の暮らしと居場所づくり

(1) 高齢者の新たな暮らしと生きがい

　一般的に、仕事を引退した後、高齢者は老後の暮らしのなかで新たな暮らし方の選択をしていくことが必要になる。老年医学の研究は生きがい感が高齢者の健康に関係する要因であることを明らかにしており、高齢者にとっては老後をいかに健康で自立的に暮らすかは重要な課題と見なされている（早坂ほか 2002：岸ほか 1999）。それでは、高齢者はどのようなときに生きがいを感じるのだろうか。内閣府は「高齢者の地域社会への参加に関する意識調査」（平成 25 年）において、高齢者の生きがいの要因として、健康状態と家族状況、社会参加と社会交流の状況をあげており、主観的な健康度が高く、孫や家族との交流頻度が多く、地域活動やボランティア、スポーツ・趣味などのサークルなどに参加している人は生きがいを感じやすいことを明らかにした。高齢者の生きがいと健康度は相互に影響を与えており、生きがい感を高めるために、高齢者が社会参加する機会を確保していくことの必要性が明らかにされた。

(2) 高齢者の就労と社会参加

　高齢者の社会参加を考えるとき、地域におけるボランティア活動のような無償労働だけでなく、高齢者の就労機会の確保や経済基盤の支援について検討することは重要な視点である。年金の支給年齢が 65 歳に引き上げ

になったことや長い老後生活を送るうえでの収入不安などもあり、近年、定年退職後の再就職を希望する人は少なくない。高齢者の就労支援は1970年高齢者事業団の活動から発展したシルバー人材センター等が全国にあり、高齢者雇用の受け皿となってきた。最近では、アクティブシニアと呼ばれる健康で行動的かつ知的好奇心の強い高齢者をターゲットとした高齢者向けのビジネスが増えてきたなかで、メーカーや営業販売、飲食業などの民間企業におけるシニア活用も多様化してきており、シニアならではの視点や技術、経験が積極的に生かされるようになってきている。

2012年には高年齢者雇用安定法の改正によって、60歳定年の企業では65歳までは希望者全員を再雇用契約することが事業主の義務とされた。実際に全労働者人口6675万人のうち、1割以上を高齢者が占めており、仕事を続けている人の65歳以降の就業意向は高い。仕事をしたい理由には、「生きがいや健康のため」や「年金だけでは生活できないため」といったものがあるが、仕事をしている人の7割は体力の低下などの仕事上の不都合を感じていないと答えており、就業を前向きにとらえている（労働政策研究・研究機構 2015）。

(3) 支援が必要な高齢者の地域生活と地域包括ケアシステム

Aging in Place

このように、近年の日本社会においては健康で意欲的な高齢者が多いことがわかるが、総体的にみて、75歳以降の後期高齢者では、徐々に自立度が下がる人が多い。健康高齢者もいずれは老化により、身体機能の低下が進むため、医療や介護、生活支援が必要な状態になる可能性は誰にも等しくある。平均健康寿命を超えた後期高齢者は、高齢者人口の約14％を占めており、その増加に対して社会がどのように向き合っていくのか、その準備が課題であろう。

東京大学高齢社会総合研究機構の辻哲夫(2014)は「Aging in Place（弱っても安心して住み慣れたまちに住み続けること）」は、高齢者にとっては何

98　第Ⅱ部　事例編　各国での社会変革へ向けた活動

よりも大切であり、適切な生活の場で暮らし続けていくことは高齢者が豊かに老いるための基本であると述べている。[1]この理想を実現することは可能であろうか。

介護保険制度と地域包括ケアシステム

地域で生活するひとり暮らしの高齢者の見守り支援や生活支援は、1980年代から生じてきた住民参加型の活動として、ボランティアなどの民間団体やNPOによる活動が全国に広がり、地域に根差した生活支援サービスが数多く生まれた。ひとり暮らし高齢者や認知症高齢者の在宅生活支援を目指した活動は、食事サービスや移動サービス、ふれあい・いきいきサロン[2]、宅老所など、地域で暮らす人々が中心となって実践され、新たな担い手を生み、NPOなどのサービス供給組織を生み出していった。

介護の必要な高齢者の増加にともない、介護保険制度が2000年に施行され、介護サービス利用は措置制度から利用契約制度へと変化して、介護は誰もが利用可能なサービスになった。介護を必要とする高齢者の生活を支援するための施設入所サービスや在宅生活を支える訪問介護や通所介護などの居宅サービスを提供する事業者は急増し、介護保険サービス事業は多様化し、サービスの整備が進んだ。

2011年の介護保険制度改正で打ち出された地域包括ケアシステム[3]の考え方は、高齢者が年をとり、身体機能が低下したり、認知症になったり、いつか支援が必要になったときにも、それまでと変わらず、自分の住み慣れた地域で必要な医療や介護、予防、住まい、生活支援サービスを受けながら、自立した生活を続けることを可能にする仕組みづくりである（図1参照）。たとえひとり暮らしの高齢者であっても、病院への入院や施設入所については、在宅生活が困難な状況になった場合の代替的な選択肢として限定的に考えるべきものとされており、最終的には住み慣れた地域の住まいで死ぬまで生活を送ることが可能な地域システムづくりとして、Aging in place の実現を目指しているといえるだろう。

地域包括ケアシステムにおいては、介護予防・日常生活支援総合事業に

おける介護予防や見守りや配食などの生活支援サービス、社会参加や権利擁護サービスなどは、市町村が主体となってサービスの整備を担うことになり、その充実と強化が課題とされた。介護保険外のサービスの整備も推進されており、住民参加型のボランティアや NPO、民間団体や営利企業など、多様なサービスを供給する社会起業の活躍が求められている（厚労省 2015）。

　このような地域のマンパワーに期待を寄せた地域包括ケアシステムは、コンパクトシティを目指す都市部では有効な仕組みと考えられている。しかしながら、圧倒的な資源の枯渇、インフラ整備の不足、マンパワーの不足などの課題を抱える地方の中山間地域や離島などで人口減少が進んだ過疎地域では、果たして実現可能であろうか。

　次節では、沖縄県宮古島市池間島で 2004 年から高齢者の暮らしづくりと生活支援に取り組んでいる社会起業として、NPO 法人いけま福祉支援センターを取り上げ、過疎の島における取り組みの事例を紹介する。

3　宮古島市池間島の高齢者と NPO 法人いけま福祉支援センターの実践

(1) 宮古島市池間島という島の状況

　宮古島市は沖縄本島から南西約 287km に位置する島であり、年間 70 万人もの観光客が訪問する人気の高い観光地であるが、同時に人口減少と高齢化が進み、過疎化がすすむ市町村でもある。宮古島市は、人口が約 5 万人で宮古島、池間島、大神島、来間島、伊良部島、下地島の 6 つの島からなる。その宮古島市から北西 1.3km に位置する池間島は 2 つ目に小さな島であり、面積は 2.83km²、周囲は 10km、人口は 367 世帯、男性 329 人、女性 268 人、合計 597 人の小さな島である（「離島島しょ部住民基本台帳」平成 29 年 1 月 1 日現在）。少子高齢化と若者の流出の結果、高齢化率は 50% を超えて、日本の高齢化率をはるかに上まわり、70 歳以上の高齢者が 242 名で 40.5% を占める状況である。

(2) 池間島の住環境と生活課題

池間島は自然環境の豊かな美しい島であるが、地理的に公的サービスの選択肢も制限されており、一見すると高齢者にとっては決して住みやすい地域とはいえない。集落としてその生活環境を評価すると、船舶業の廃業、カツオ釣り漁業の衰退、農業の衰退、医療施設や医師の不在、商店の不在など、生活に必要な要件が弱体化している。経済基盤は、第一次産業の比率が相対的に大きく、漁業やさとうきび栽培などの農業に依存していることが特徴である（久住 2007）。

1992 年に宮古島と池間島を結ぶ全長 1425m の池間大橋が開通してからは、車で 20 分程度で宮古島の中心市街地に行くことができるようになったが、公共交通機関は地元のバス・タクシー会社が提供する 1 日に 8 本という路線バスのみである。公共交通機関は生活におけるライフラインの 1 つであり、交通手段があって初めてその地域で安心して暮らしていくことができる。買い物や通学、医療機関への通院等の日常生活において、特に自家用車をもたない住民や高齢者にとっては島外に出るうえではとても不便である。

しかし、島では長く住み続けている住民が多いため、高齢者の生活においては近隣同士の付き合いや助け合いが頻繁で、特有の地域コミュニティが成立している。住民同士の社会関係は大きな意義をもっており、脆弱な公的サービスを補い、新たな支援体制を生み出す可能性をもつ（中條 2007）。このような島で高齢者の生活支援を目的に設立されたのが NPO 法人いけま福祉支援センターである。

(3) 池間島で暮らす高齢者の社会的課題と NPO 法人いけま福祉支援センターの活動

いけま福祉支援センターは、「地域の高齢者や障がい者、子どもたちに対し、日常的な生活支援、介護支援、子育て支援等に関する事業を行い、誰もが住み慣れたところで、家族と一緒に地域の仲間や子どもたちと触れ

合いながら、いきいきと暮らせる環境づくりに貢献すること」を目的として、2004 年に NPO 法人として設立された（内閣府 NPO ホームページ 2017）。

　この法人を立ち上げた発起人の前泊博美さんは当時教育関係の仕事をしていたが、昔から自分たちを愛し育んでくれた高齢者（おばあ）たちから言われた「お前たちはみんな島を捨てる」という言葉をきっかけに地域の高齢者の問題に取り組み始めた。池間島では昔から島の住民が親戚のようにお互いに助け合いながら暮らしていたが、島内には医療施設や介護施設はなく、医師が常駐していないため、加齢にともなう病気や不自由さから、池間島を離れて宮古島の病院や施設に入るか、子どもが暮らす沖縄本島に移り住む高齢者が多くなっていた。

　「島の人は島でみたい」「私たちが恩返ししたい」という思いが原動力となった。前泊さんは 6 名の島出身の同級生と相談をして、2002 年にボランティアで一品料理を持ち寄る食事会を開くことから始め、2003 年からは高齢者サロンを始めて、高齢者の居場所づくりを始めた。サロン活動を通してわかってきたことは、高齢者の多くが子どもや孫たちが島を離れていくさみしさや、年老いて病気になればいずれは住み慣れた島を離れて暮らさなくてならなくなるという不安を抱えているということであった。全島民へのアンケート調査では、「たとえ動けなくなっても寝たきりになっても、島がいい。あの世への旅立ちは、住み慣れた我が家の畳から」という高齢者の切実な思いも示された。

　池間島の高齢者は、沖縄本島はもちろんのこと、宮古島の人とも異なるアイデンティティを大切にしている。池間島に伝承される民謡には「池間民族」「海洋民族」の言葉がみられ、70 歳以上の高齢者はイキマフツといわれる池間方言を日常的に話す。生まれ育ち、先祖代々受け継いだ土地への愛着が非常に強く、どんなに不便に思えても高齢者の多くはその土地を離れて暮らしたいとは思っていない。島の高齢者にとって、島の生活やコミュニティは自分自身のアイデンティティの一部になっているのである。NPO 法人いけま福祉支援センターの主な事業と活動内容は表 6-1 に示している（NPO 法人いけま福祉支援センター 2017）。

表6-1　NPO法人いけま福祉支援センターの主な活動内容

主な事業	活動内容	実施日時	従業者の人数	対象者の範囲と人数	支出額（千円）
高齢者・障がい者の生活支援・介護支援	小規模多機能型居宅介護事業・介護予防多機能型居宅介護事業「きゅーぬふから舎」	通年	21人	地域の高齢者 25人	62,235
	高齢者サロン・生き生き教室	毎月4回	4人	地域の高齢者 20人	1,261
	無料配食サービス（昼食・夕食1日2食）：食事の改善により、低栄養と体力や筋力の低下を予防するため	通年（365日）		1日10人程度	0
	地域高齢者の総合相談ボランティア	通年	5人	地域の高齢者 300人	0
健康高齢者の社会参加と生きがいづくり	民泊事業（民家宿泊体験事業）：修学旅行生・一般旅行者の受け入れ、離島体験交流促進事業、体験プログラム開発	通年	4人	25世帯	1,244
地域住民の交流促進と地域環境保全	アマイ・ウムイcraft事業：シマ学校、高齢者の知恵・経験・技の掘り起こし、在来作物復活			地域住民 600人	13,263
	すまだてぃだより発行	毎月1回	1人		
	島おこし活動：池間島おこしの会運営、池間島暮らしツーリズム協議会運営、池間島マップ・ガイドブック作成、講演会企画など	通年	4人		
	島のこし活動（自然環境と景観の再生）：池間湿原（イーヌブー）の再生計画、耕作放棄地再生プロジェクト、島内緑化活動	通年			
子ども会活動・子育て支援	児童クラブ事業：島内外の子どもたちの保育、シマ学校との連携など	通年	4人	児童生徒 27人	9,958

出所：特定非営利活動法人いけま福祉支援センター「平成27年度事業報告書」より著者作成

高齢者の生活支援と介護支援のための「きゅーぬふから舎」

2006年には島唯一の介護事業所として、小規模多機能型居宅介護事業所「きゅーぬふから舎」を開設した。この事業所は地域密着型サービスであり、ひとり暮らしの高齢者がその人のライフスタイルに合わせてサービスを利用することができる。施設への「通い」を中心としたサービスであるが、利用者の状況や希望に応じて、自宅への「訪問」や短期間の「泊まり」を組み合わせてサービスを提供することによって、利用者ができる限り在宅で自立した日常生活を送ることができるように支援することを目的としている。

これまで要介護になると高齢者は島を離れざるをえなかったが、「きゅーぬふから舎」の開設によって、介護サービスを利用しながら島に残って生活を営むことができるようになった。ここでは、昼食と夕食の1日2食を提供しており、栄養改善の必要な地域住民にも無料の配食サービスを365日届けている。また、介護スタッフの多くは地域住民であるため、自宅で生活する要介護高齢者を地域ぐるみで見守ることが可能になった。この事業によって地域の人を雇用する場所を提供することができるようになった。そして、何より多くの高齢者の在宅看取りに取り組み、「最期の旅立ちは家の畳の上から」という高齢者の願いを叶えてきたことの意義が大きい。

健康高齢者の社会参加と生きがいづくりのための民泊事業

2011年には健康高齢者の生きがいづくりと所得創出のために、高齢者家庭で修学旅行生を受け入れる民家宿泊体験事業（民泊事業）を立ち上げた。民泊事業は、高齢者の社会参加を促進する試みであり、役割や生きがいをつくり、所得を創出するねらいもあった。

民泊事業に参加する受け入れ世帯の条件は高齢者夫婦の世帯であったが、開始3年後の2014年には世帯数は38軒にまで増加し、受け入れ生徒数は4000名以上に達し、3年間で3679万円の収益を上げ、島に大きな経

104 第Ⅱ部 事例編 各国での社会変革へ向けた活動

済効果をもたらした（障害保健福祉研究情報システム 2017）。池間島で生活する高齢者の収入は年金や船員保険が多く、平均3万円程度の年金で生活する高齢世帯が多い。高齢者自身の負担の大きさを考慮して、一家庭あたり多くても月に数日程度しか民泊の受け入れはしていないが、追加の所得を創出したことの意味は大きい。

　また、民泊事業を通して、島外の子どもとの交流や社会参加の機会が増えたことは、高齢者の生きがいづくりにつながっている。民泊事業では、島の農業体験、漁業体験、文化体験など、ありのままの島の暮らしを体験するプログラムを提供しているが、特に認知症高齢者世帯にも子どもが宿泊することもあり、認知症の高齢者から島の昔話を聞いたり、島の料理を教えてもらい、一緒に作ったり、要介護になっても認知症であっても担い手として事業に参加することを可能にしている。支えられるだけでなく、支え手として、事業の担い手になって活躍する場をつくることが高齢者の自信につながり、高齢者のQOL向上をもたらしている。

　近年では、島の高齢者の高齢化がさらに進んでいるため、民泊受け入れを断る世帯も増えてきているが、一方で事業を一緒に手伝うために子どもや孫が戻ってくる家族も増えており、島外で暮らす家族との絆を深め、島の活動に家族ぐるみで積極的に参加するようになるなど、民泊事業は家族の関係回復やコミュニケーションの活性化といった島おこしにも一定の効果をもたらしているといえるだろう。

地域住民の交流促進と地域環境保全のための島おこし活動

　2013年には自治会や漁業組合、婦人会、老人クラブ等の池間島の組織と連携して島の中の課題を考える島おこし活動を開始し、自然環境や景観の再生、池間島の情報発信やイベント企画の取り組みが始まった。アマイ・ウムクトゥ・プロジェクト（アマイ・ウムクトゥ＝地元の方言で「島で生きてきた高齢者の生きる知恵」の意味）では、島の宝である高齢者を通じて島の伝統文化を発掘して記録することや、次世代に継承伝達するためのシマ学校を開き、地域住民や子どもたち、島を訪れる修学旅行生を巻

写真 6-1　いけま福祉支援センターのいきいき教室の高齢者と
　　　　　お茶を配る学童保育の子どもの様子

き込んだワークショップとして学びの場を提供している（写真 6-1 参照）。このように高齢者に手工芸や在来種の食材の調理の先生としてシマ学校で役割を担ってもらう取り組みは、高齢者の社会参加や生きがいづくりの効果をもたらしており、認知症予防や介護予防の役割をも果たしている。

4　まとめと今後の課題

　いけま福祉支援センターは、高齢者の暮らしをつくる取り組みとして、これまで多様な事業活動を生み出してきた。高齢者の社会参加を促す居場所づくりや役割づくりに加えて、所得創出につながる就労機会を作り出したことが高齢者の生きがいと健康づくりにつながり、高齢者を含む地域住民全体を巻き込んだまちづくり活動が広がってきた。介護を必要とするようになっても、認知症になっても、高齢者が地域で変わらぬ暮らしを送り続けること、地域のメンバーとして、住民として生きることを可能にしてきた。
　最後に、今後に向けて課題と期待を 3 つに整理して、総括する。第 1

に、男性の居場所づくりと社会参加の課題がある。いけま福祉支援セン
ターが実施している活動において中心となる参加者のほとんどが女性であ
り、要介護高齢者を除いて男性高齢者が少ないことが挙げられる。島では
50-60歳代の無職の男性の引きこもりなども課題とされており、元気な中
年男性や高齢男性の居場所づくりや社会参加につなげる取り組みが必要で
ある。池間島の地域コミュニティや性別役割分業を重んじる伝統文化にも
配慮して、男性と女性がそれぞれに参加しやすい場づくりにも工夫が必要
になる可能性がある。

　第2に、貧困と公的支援の届きづらさの課題がある。宮古島市における
平均所得は極めて低く、池間島における高齢者の状況は深刻な貧困と隣り
合わせである。近年、宮古島市の生活保護世帯数は増加傾向であり、池間
島では生活保護受給が必要な生活水準の世帯が高齢世帯だけでなく若年世
帯においても少なくない。ただし、生活保護の受給をすることで伝統的な
地域の相互扶助システムである「もやい」や「結」から排除されるため、
それを避けるために保護を受けない選択をしている住民がいる可能性もあ
る。雇用環境などの問題が大きく、課題解決は容易ではないが、貧困状態
にある住民が必要な支援に結びつけられるように、センターにはアウト
リーチの役割が期待される。

　第3に、社会起業としての事業収益が少ないという課題がある。いけま
福祉支援センターは、介護保険事業を除く独自の事業においては、収益事
業が少ない。スタッフは延べ人数43名（パートやアルバイトも含める）、
経常収益は約9400万円と規模としては決して小さくはないが、収益の内
訳は介護保険事業が81.5%、島おこし事業が8.0%、助成金などが10.3%と
なっており、法人経営の核となっているのは介護保険事業による収益が大
きい。

　日本では、NPOなどの社会起業が期待されてきた領域は、社会政策や
公共政策の対象が多く、社会福祉への偏りが大きい。そのため、高齢者福
祉や障がい者福祉、子ども家庭福祉のような福祉行政サービスの受託事業
や補助金が収入の大きな柱となっているNPOが多い。第2章で竹内友章
が論じているように、社会的課題を解決するという目的を達成するために

は、社会起業が市場からの収益だけで自立している例は少なく、いけま福祉支援センターのようにボランティアの支えや社会福祉行政の受託事業が重要な資源になっていることが多い。

　小さな島の過疎の集落における限られた社会資源のなかで、高齢者のための暮らしづくりと生活支援を進めてきた取り組みは、近年では、高齢者を中心とした支援に加えて、40人に満たない島の小中学生の教育活動への参加や子どもたちの学童保育へとつながり、期待が広がっている。経済的困窮者や社会的弱者も含む、乳幼児から高齢者まで多様な人々が地域でともに暮らすことができる社会を目指す活動への広がりは、「地域住民が世代を超えてつながることで、生きがいのある地域をともにつくる」という地域共生社会[4]が目指すべき先駆的な事例といえるだろう。

注

(1)　「Aging in Place」（弱っても安心して住み慣れたまちに住み続ける）を実現するための地域包括ケアのあり方については、東京大学高齢社会総合研究機構編『地域包括ケアのすすめ』（東京大学出版会、2014年）に詳しい。

(2)　ふれあい・いきいきサロンとは全国社会福祉協議会が1994年に提唱した活動であり、高齢者などの利用者が気軽に集まり、ものづくりや簡単な体操、会話などとして過ごし、ふれあいを通して生きがいづくり・仲間づくり・つながりづくりの輪を広げる住民活動であり、住民自身が自主的に地域の憩いの場として集える場を作っていくことに活動の特徴がある。2013年時点で、全国に6万294か所のいきいきサロンが活動している。

(3)　地域包括ケアシステムは、厚生労働省の介護保険事業計画における概念であり、各市町村において中学校区程度の範囲、おおむね30分以内で駆けつけられる日常生活圏域という圏域設定の範囲において、利用者のニーズに応じて必要とするサービスを適切に組み合わせて、入院や退院、在宅復帰を通じて切れ目なく一体的にサービス提供するというものであり、高齢化がピークに達する2025年度を目標に各地で整備を進めていこうとしている。

(4)　地域共生社会とは、2016年7月に厚生労働省「我が事・丸ごと」地域共生社会実現本部が決定した今後実現すべき地域社会のことであり、公的な福祉だけでなく、「制度・分野ごとの『縦割り』や『支え手』『受け手』という関係を超えて、地域住民や地域の多様な主体が『我が事』として参画し、人と人、人と資源が世代や分野を超えて『丸ごと』つながることで、住民一人ひとりの暮らしと生きがい、地域をともに創っていく社会」であるとしている。

【参考文献】

岩本裕子「住民活動による非営利配食サービスの多様化と実践類型に関する考察 ── 3 つの事例の比較から」『Human Welfare』8（1）、pp. 77-91、2016 年。

NPO 法人いけま福祉支援センター「NPO 法人いけま福祉支援センターホームページ」http://npoikema.sakura.ne.jp（検索日 2017 年 11 月 29 日）。

沖縄県『離島関係資料（平成 29 年 1 月）』
http://www.pref.okinawa.jp（検索日 2017 年 11 月 29 日）。

岸玲子・築島恵理・小橋元治ほか「高齢者が地域で在宅生活を継続するための生活機能および社会的サポートの検討」『高齢者問題研究』15、pp. 195-207、1999 年。

久住健治「沖縄県の離島および課題とその対策 ──宮古島及び石垣島を中心に」『立法と調査』264、pp. 107-111、2007 年。

厚生労働省「誰もが支え合う地域の構築に向けた福祉サービスの実現 ──新たな時代に対応した福祉の提供ビジョン」（2015 年 9 月 17 日）。

厚生労働省「介護保険事業状況報告」（2017 年 5 月 1 日現在）。

障害保健福祉研究情報システム「地域に根ざした共生社会の実現 CBID 事例集 事例 1 特定非営利活動法人いけま福祉支援センター」
http://www.dinf.ne.jp/doc/japanese/intl/cbr/cbr_jire/2015/jirei01.html（検索日 2017 年 5 月 24 日）。

谷本寛治『ソーシャル・ビジネス・ケース』中央経済社、2015 年。

田城孝雄・内田要編、辻哲夫監修『まちづくりとしての地域包括ケアシステム』東京大学出版会、2017 年。

東京大学高齢社会総合研究機構編『地域包括ケアのすすめ』東京大学出版会、2014 年。

内閣府 NPO ホームページ「NPO 法人ポータルサイト　特定非営利活動法人いけま福祉支援センター」（2015 年度事業報告書）
https://www.npo-homepage.go.jp/npoportal/detail/047016157（検索日 2017 年 11 月 25 日）。

中條暁仁「中山間地域における高齢者のサポートネットワークと地域住民の福祉活動」『地理科学』62、pp. 79-92、2007 年。

早坂信哉・多治見守泰・大木いずみほか「在宅要援護高齢者の主観的健康に影響を及ぼす潜在変数」『厚生の指標』15、pp. 22-27、2002 年。

広井良典『コミュニティを問い直す ──つながり・都市・日本社会の未来』ちくま新書、2009 年。

毛受敏浩『限界国家 ──人口減少で日本が迫られる最終選択』朝日新書、2017 年。

森田枝里子「島嶼部における高齢者サポートに関する一考察 ——愛媛県松山市睦月地区を事例に」『お茶の水地理』49、pp. 66-78、2009 年。

労働政策研究・研修機構『「60 代の雇用・生活調査」結果』（2015 年 1 月 30 日）。

第7章

東アジアにおける社会的企業の現状と課題

香港と台湾の発展からの考察

1　はじめに

　社会的企業（Social Enterprise）は西欧や米国から生まれたが、近年では東アジア地域においても関心が高まり、著しい発展をみせている。背景にはグローバル化、国際間競争の激化、格差や失業などの社会問題の深刻化があり、「社会的企業」がその解決の糸口として期待されている。

　これまでアジア諸国では、地域という地縁、家族・親類という血縁による相互扶助が、社会問題を解決してきた。けれども、都市化による地域社会の崩壊や核家族化などで、血縁と地縁がもっていた問題解決力が失われつつある。一方、経済的成長の代価として、貧富の格差や犯罪の増加、青少年問題、家族の崩壊など、新たな社会問題が浮上してきた。

　つまり、グローバル化や著しい経済的・社会的変化により、社会で起こる問題が複雑化を増し、個人や家族、地域だけでは解決できなくなってきた。そこで各国の政府や非営利の慈善団体がその支援に乗り出した。だが社会的ニーズには追い着かないのが現状である。

　そこで救世主として現れたのが「社会的企業」である。社会的企業という概念はそもそも外来の（主に西洋の）概念で、政府や慈善事業による既存の解決法ではうまく対処できなかった社会問題を解決する方法として期

112 第Ⅱ部 事例編 各国での社会変革へ向けた活動

待された。今のところ、期待された政策の効果と達成度の間には大きな溝が存在しているものの、社会的企業は既存の制度では手に負えないと考えられている多くの社会的「悪」を退治する万能薬と思われている。

アジア文化圏に属する日本は、他のアジア諸国の社会的企業の実践から学ぶことが多いであろう。「アジア」といっても、約50の国や地域がある。日本を除けば、経済的に発展途上の国が多いが、香港、韓国、台湾、シンガポールのような「新興工業経済地域」もある。最近は、中国やインドが著しい経済的発展をみせている。このようにアジアといっても、各国間の経済的格差は大きい。それぞれの国・地域で課題となっていることがらも異なる。また、全世界の人口の約60%がアジアに住んでおり、民族、宗教、文化も多様である。

つまり、アジア諸国すべてで行われている社会的企業を、すべて紹介するのは不可能である。そこで本章は、東アジアに位置し、地理的・文化的にも日本に近く、また近年急成長が見られる香港と台湾の社会的企業について紹介し、アジアにおける社会的企業の可能性と課題を整理していきたい。

2 香港の社会的企業

(1) 社会的企業が発展した背景

香港は1842年から1997年6月30日までイギリス植民地であり、1997年7月1日に中国に返還（回帰）され、現在は香港特別行政区となった。150年以上イギリスの植民地として統治されてきた香港は、住民の大多数が中国人であるが、西洋文化と東洋文化が融合しており、社会制度もイギリスの制度を取り入れていることが多い。そういう事情もあって、西洋生まれの社会的企業を取り入れやすいと思われる。また、自由市場経済を重んじる文化も、社会的企業の発展に影響を与えている。香港の経済を特徴づけているのは、自由貿易、低い所得税・法人税率、経済に対する政府の

介入が最小限であること、である。市場志向主義の浸透が社会的企業の発展に貢献してきた。

1990 年代に社会的企業が出現し、90 年代後半から増加し、2000 年以降さらに拡大がみられた背景には、アジア金融危機による経済不況、失業者増加などの社会問題が深刻化したという事情があった。この事情に対応するため、社会的企業への助成金を設立した。

中国返還後、香港はアジア金融危機の大打撃を受け、雇用市場の構造が大きく変化した。それ以来、構造的失業が長引き、所得格差が広がり続けている。新自由主義的な政治志向が強まるなかで、失業者を支援するための望ましい手段として「労働へ向けた福祉（welfare to work）」が主張された。労働統合型社会的企業（Work-Integrated Social Enterprise、以下WISE）の発展が支持され、「失業者の社会復帰」を目指す WISE だけでなく、「社会的弱者グループ（身体的・精神的障害者など）の失業者の支援」を目指す WISE も増えた。WISE は今日では、香港における社会的企業の象徴的存在となっている。

また、社会的企業を支援する助成金制度を導入しはじめた理由は、公的資金の使い方に対する考え方が、"単なる支給" から、"地域に対する投資"に変化したからである。公的資金をもっと生産的に使い、社会に還元していくべき、と考えるようになったわけである。これらの背後には、社会福祉に対する補助金の費用対効果を問うスタンスがある。

アジア金融危機後、通常の社会福祉関連の予算を抑制するため、2000年から、政府は非政府組織（Non-Governmental Organization、以下 NGO）に対して支払う社会福祉の補助金制度を変更した。伝統的に、香港の社会福祉サービスの多くは公的な機関ではなく、民間の NGO によって提供されてきた。政府が社会福祉サービスに公的な資金を投入し始めたのは1960 年代からである。また、政府の主な責任は資金の提供（funder）であり、実際にサービスを提供しているのは NGO である。つまり、社会福祉サービスは政府と NGO の連携と役割分担によって成り立っていたのである。NGO は、政府から安定した資金を得ることで運営が成り立ち、それ以外の財源を確保する必要があまりなかった。

114　第Ⅱ部　事例編　各国での社会変革へ向けた活動

　しかし、2000年の社会福祉補助金制度の変更により、多くのNGOは歳入基盤を拡大する方法を模索しなければならなくなり、支払い能力のある利用者を対象とする市場志向的活動へと変化するよう求められた。つまりNGOにとって、営利を重視することが「非営利」という理念に反するとはみなされなくなり、新たなサービスのベンチャー事業を熱心に開発するようになった。

(2) 社会的企業に関する政策

　香港政庁は、社会的企業への支援政策を、2001年から始めた。2000年半ば以降は、助成金制度の種類や対象をさらに拡大した。この政策の目標は、「弱い立場にある人々が自立できるよう雇用機会を創出し、また、様々な団体や組織が革新的な取り組みによって地域のニーズに対応できる新しいネットワークを作り出すことで、新たな思いやりの文化（caring culture）を育み、社会的調和を増進すること」とされている。[1]

　とはいえ、じつは「社会的企業」の、共通の法的定義はない。香港の民政事務局（Home Affairs Bureau）は、「特定の社会的目標を達成するために行われるビジネス」と説明している。[2] 地域で必要とされている、高齢者支援などのサービスの提供や、社会的弱者の雇用や職業訓練の機会の創出、環境保全活動のほか、利益を別の福祉サービスの資金に回す場合も、社会的企業の活動範囲に含まれる。また、社会的企業としての活動で得た利益は、原則として、社会的目標を達成するための事業へ再投資されることになる。つまり、社会的企業は、出資者への配当金のために利益を追求することではなく、それぞれの掲げる社会的目標を達成することが目的でなければならない。

　社会的企業に対する、主たる公的支援政策は表7-1のとおりである。2001年には、障がい者の雇用を増やすために、「小規模企業による障害者の雇用増進計画（Enhancing Employment for People with Disabilities through Small Enterprise Project）」を通して総額1億5400万香港ドル（約20億円）の助成金が給付された。2002年に、NGOが持っている社会関係資

本（Social capital）を増やすため、一般企業とのパートナーシップを推奨する「地域への投資とインクルージョン基金（Community Investment and Inclusion Fund）」が設立された。

さらに、NGO に社会的企業を立ち上げるための資金を提供する「地域パートナーシップによる自立促進計画（Enhancing Self-Reliance through District Partnership Programme、以下 ESR）」が 2006 年に始まった。これは、社会的に不利な立場にある人々を雇用するための社会的企業を地域で作ることを推奨する制度であった。2008 年には、歴史的な建造物の保護と再生を目的にする社会的企業の立ち上げを支援する制度「パートナーシップによる歴史的建造物の再生計画（Revitalizing Historic Building through Partnership Scheme）」が作られた。この 2 つの制度の共通点は、地域の中で就労の機会を増やすと同時に、民間の営利企業と NGO のパートナーシップを強く推奨する点である。

香港政庁は、社会的企業を支援する制度を積極的に作るのは、社会的企

表7-1 社会起業に関連する公的支援政策の一覧

年	支援政策	金額
2001	小規模企業による障がい者の雇用増進計画 (Enhancing Employment for People with Disabilities through Small Enterprise Project)	1 億 5400 万 HKD （約 20 億円）
2002	地域への投資とインクルージョン基金 (Community Investment and Inclusion Fund)	5 億 HKD （約 70 億円）
2006	地域パートナーシップによる自立促進計画 (Enhancing Self-Reliance through District Partnership Programme)	3 億 HKD （約 42 億円）
2008	パートナーシップによる歴史的建造物の再生計画 (Revitalizing Historic Building through Partnership Scheme)	20 億 HKD （280 億円）
2012	マイクロファイナンス	1 億 HKD （14 億円）
2013	ソーシャル・イノベーションと社会起業の発展の基金 (Social Innovation and Entrepreneurship Development Fund)	5 億 HKD （約 70 億円）

出典：Hong Kong Social Enterprises Development with Best Practice Highlights[3]

業に、既存の社会福祉制度を代替させるためではなく、雇用機会創出を通じて社会福祉制度の補完的役割を期待しているからだと強調する。また、NGO の社会起業家的精神を育成し、産業・経済部門にも貧困削減などの社会問題の解決にかかわってもらうことを目的にしている、という。

つまり、社会福祉の受給者の自立を促進すると同時に、政府や NGO だけではなく、商業界や学界などを含めて、社会のすべての部門が協力しながら、社会問題の解決を目指す、というわけである（Lee 2016）。

その実現のために、2008 年に香港滙豐銀行の慈善基金、香港社会福利署及び Hong Kong Council of Social Service の三者が共同で「社会的企業ビジネスセンター（Social Enterprise Business Centre、以下 SEBC）」を設立した。また、民政事務局は政府・NGO・商業界・学会などさまざまな部門の代表者を集めて「社会的企業諮問委員会(Social Enterprise Advisory Committee)」を 2010 年に設置した。

（3）社会的企業の現状と課題

社会的企業の助成金制度をはじめとする公的支援政策の後押しを受けて、香港の社会的企業は確実に成長した。SEBC が発行した「社企指南（Social Enterprise Directory）」によると、2015-16 年には、570 を超える社会的企業があり、その多数は NGO などによって運営されている[4]。

以下では、2 つの成功事例を紹介する。

事例① 「マイ・コンセプト」

「マイ・コンセプト・イベント・マネジメント（通称：マイ・コンセプト）」は 2007 年に創設された社会的企業である。マイ・コンセプトは、香港で初めて創作パフォーマンスとイベント運営を統合した事業モデルを展開している。貧しい若者に対して、音楽やダンス、ピエロ・パフォーマンス、マジック、風船アート、舞台製作やその他の創作的なパフォーマンスのトレーニングを受ける機会を提供している。

そのソーシャルミッションとして、若者への雇用機会を持続的に創出し、夢を実現できる機会を提供することを掲げている。この数年、政府各局、NGO や一般企業、学校や個人など、多くの顧客を獲得しており、高い業績を上げている。

その社会的投資利益率（Social Return on Investment）は、香港の社会的企業の中で最も高いものの 1 つとされ、収益の 50％以上が若者の給与として支払われており、WISE のなかでは高い実績である。トレーニングを受けた若者のうち何人かは、それぞれの実力を生かして、パフォーマーとしてのキャリアを見いだす者もいる。

事例② 「フルネス・サロン」

フルネス・サロンは、香港における社会的企業の先駆的事例の 1 つといわれている。2008 年には、株式市場から資本金を集め、有限会社を設立した。社会から逸脱した若者たちを美容院で見習いとして雇用し、進路に対する見通しの改善を目標としている。若者たちは、たんに職を与えられるのではなく、高い技術力とサービスを提供できるようなヘア・スタイリストを目指して、日々技術を磨きあげていくチャンスを与えられる。

2 年間のトレーニング期間ののち、高級ヘアサロンに就職できる若者もいる。フルネス・サロンのスタッフは、就職した若者たちとも連絡を取り合って、状況を把握しているようである 。

この 2 つの事例から分かるように、香港における社会的企業の主な役割は、社会的に不利な立場にある人に就労の機会を提供し、自立を促すことである。

香港の社会的企業の多くは NGO によって運営され、上記のような成功事例もみられるが、ビジネスとして業績を上げるにはさまざまな問題や課題を抱えている。

まず、NGO はソーシャルミッションを重要視するので、ビジネス的な考え方を取り入れるのが難しい。NGO にはビジネスやマネジメントの専

門家が少なく、ほとんどの社会的企業はソーシャルワーカーが運営している。しかし、ソーシャルワーカーたちはマネジメントやマーケティングなどのトレーニングを受けておらず、ビジネスの経験も不足しているため、社会的企業設立のための公的資金（seed money）を使い切ると、自由市場のなかではなかなか採算が取れず、ビジネスとして生き残ることが困難になる事例も多い。

　そもそも社会的企業は「ビジネス」なのか、それとも「福祉サービス」の一環なのか、という問題も残っている。政府は社会的企業を「ビジネス」として支援したいが、ESR などの補助金制度の対象は、免税資格があると認定された NGO のみになっている。ビジネスセクターからすれば、それはあくまで貧困削減のための政策であり、ビジネスや投資を促進するものとして認識されない。つまり、社会的企業の目的や役割に関する解釈があまりにも多様であることが、その発展に影響を与えているようなのである。

3　台湾の社会的企業

（1）社会的企業が成長した背景

　台湾でも 1990 年代から社会的企業が登場してきたが、当時は社会的な認知度が低かった。しかし、それ以降の 20 年間、政治、経済、人口動態などに著しい変化が起きた。失業や格差の拡大、少子高齢化などの社会的ニーズの増加に対応するため、さまざまな非営利組織（Non-Profit Organization、以下 NPO）が急増した。NPO 同士の資金源獲得の競争が激化したことに加えて、政府による政策誘導もあり、NPO の多くが自らの目標を実現するため、社会的企業を立ち上げ始めた。2000 年以降、社会的企業の数のみならず種類も増えて急成長した結果、社会的関心も高まった。

　社会的企業という言葉は、台湾では、一般的に、商業的手法（商品や

サービスの提供による収益獲得）を使って社会的・環境的な問題に取り組む組織を指す（Chen &Lee 2016）。台湾の法律では、「社会的企業」という用語は明記されず、その定義や法的な枠組みが明確ではないが、社会的企業の主目標は、社会的マイノリティとされる人々（生活困窮者や障がい者など）の就労や職業訓練の機会の創出である。

　台湾での社会的企業台頭の要因として、(1)社会的ニーズへの対応、(2) NPO の財政の安定化、(3) 社会福祉サービスの民営化と外部委託、(4) 社会的企業を支援する公的補助制度の充実、(5) 企業の社会的責任（CSR）への関心の高まり、などが指摘されている（Kuan 2016）。そのうち、最も重要な要因は、(4) に関連する、台湾政府のさまざまな政策による誘導である。

　台湾政府は、社会的企業が社会問題の解決策となることを期待し、その発展を促進するために、二種類の政策を実施してきた。

　まず、身体的・精神的な障がいを持つ人の雇用を増やす政策である。たとえば、障害者保護法（Law for Protecting the Disabled People）では、すべての公的機関や組織および公立学校が物品を購入する際、障がい者に雇用機会を提供している NPO から優先的に購入し、購入予算の5%以上はそこから購入しなければならないと規定している。つまり、公的機関等に率先して障がい者の就労サービスを提供する作業所（Sheltered workshop）や社会的企業から購入するよう誘導しているわけである。

　また、台湾政府は、失業率増加による社会的影響を軽減するために、失業者の雇用に関連する政策をも積極的に施行した。以下で詳しく紹介する。

(2) 社会的企業に関する政策

2002年より、労働委員会による Multi-Employment Service Program（以下、MESP）が施行された。MESP とは、政府と民間の連携により、失業者の雇用促進を目的とする社会的企業を増やす政策である。労働委員会と NPO が共同で実態調査を行い、地域における社会的企業の計画を策定し、失業者を就業へと導くことで、雇用創出に向けた協力体制を推進す

る。つまり、雇用機会の創出や失業者の能力育成により、失業問題の解決を目指す。NPO の申請が採択された場合、事業の補助金を最大 3 年間もらうことができる。

この政策により、2002-2012 年の 10 年間で、年間平均 10 億台湾ドル（約 37 億円）の補助金が、平均 616 の NPO に給付されている。

政府は、MESP を 5-6 年間実施した経験から、NPO の持続的発展には経営や運営に関する専門的な知識が不可欠であることを認識した。それで 2000 年代半ば以降は、資金の提供のほか、NPO の運営能力を高めたり、社会的企業の市場価値を高めたりするため、コンサルティングや研修の機会も積極的に提供している。

また 2011 年、労働委員会は、Office of Social Economic Development（以下、OSED）を設置し、社会的企業の発展に関連する政策を策定・推進し、基盤整備を進めた。その短期的目標は雇用促進であるが、アドボカシーや政策立案、広報や交流の基盤構築の支援を行い、将来的には NPO を社会的企業に転換させることを目指している。

さらに、2011 年 12 月に発表した「男女平等政策の指針となる原則（Guiding Principles for Gender Equality Policy）」や、2012 年 1 月発表の「中華民國建國百年社會福祉政策綱領（Guiding Principles for Taiwanese Centenary Social Welfare Policy—Towards a New Society with Equality, Inclusion and Justice）」において、政府と NPO 間の協力体制や社会的企業発展のための環境整備を行うことの重要性を強調している。

台湾政府は、社会的企業推進のための特別な法整備は行わないものの、社会的企業の必要性を初めて政策の指針で明記し、今後の政策起草や遂行段階においても重視していくことを再確認した。

最後に、社会的企業の支援基盤として、台湾政府は、政府組織型非政府組織（Government Organized Non-Governmental Organizations、以下 GONGO）を活用した。GONGO とは、政府により設置された準非政府組織であり、政府による公共政策の推進を補助することを目的としている。台湾政府は、社会的企業の発展と運営のために活用した。

(3) 社会的企業の現状と課題

　これまで、台湾の社会的企業の重要な目的は、雇用創出であった。NPOがさまざまな事業を通して、障がい者など社会的に不利な立場にある人々への雇用機会創出に取り組んできた。障がい者の作業所が社会的企業の先駆となり、WISEやアファーマティブ事業は台湾において最も知られた社会的企業モデルである。

　しかし、近年の社会的企業は、農産物の生産と販売、フェアトレード、保健医療サービス、教育、環境保護など、幅広い社会問題に取り組んでいる。特に、最新の台湾における新事業は農業分野を対象としたものが多い。生産からブランド構築や宣伝まで、価値連鎖（Value Chain）の再構築に関する活動を行ってきた社会的企業が注目されている。たとえば、以下の事例で紹介する事業がその1つである。

事例③　Rejoice Community Supported Agriculture Group[5]

　1999年に設立されたRejoice Bakery[6]では、小麦のトレーサビリティシステムにより、農家・製造者・消費者間のコミュニケーションが可能となっている。また、小規模農地所有者に対しては、有機農業や粗放農業（自然の働きを主とし、資本や労働力を加えることが少ない農業）を育成し、消費者に対しては、環境教育を通してフードマイレージの重要性を教育していくことが期待されている。さらに、Rejoice Bakeryは身体障がい者や知的障がい者を従業員として雇用している。

　こうした社会的企業登場の背景には、農業の衰退という社会問題がある。台湾の法制度によって穀物の自給率が低下し、小農地所有者の農地の割り当てに関する問題も激化するなか、農業が衰退してきている。若い世代は、今までのように政治的活動を行うのではなく、商業活動を通して、農業に対する社会の関心を集めようとした。他方、食品安全問題が続発したため、消費者の農作物への見方が変わり、食文化や健康への意識も高

まった。農業に対する需要と供給の不均衡が、農業に関する社会的企業を増加させてきた。

　台湾社会では、社会的企業への関心が高まってきたが、それはあらゆる問題を解決できる万能薬ではなくリスクをともなうので、新しい社会的企業を始めるには慎重さが必要でもある。

　だが、台湾政府は、社会的企業が多くの社会問題の解決策となることを期待し、その発展を促進している。そのなか、韓国のような社会的企業の認定制度を導入すべきという声もある一方で、学術研究者や社会起業家自身は、厳正な法的枠組みによる認定制度に反対している。その理由として、未だ発展段階にある社会的企業を、現段階で1つの定義に基づいて法的に認定することは不可能であり、にもかかわらず1つの定義で認定すれば、社会的企業が政府の考えに沿った発展しかできなくなるという懸念があるからである。

　すでに紹介したように、台湾における社会的企業の発展は政府主導で公的助成金によって推進されてきた。しかし、政府による政策誘導や助成金は、社会的企業の発展にとって障害ともなりうることが指摘されている。台湾では、以下の2つのデメリットが挙げられる（Kwan & Wang 2016）。(1) 社会的企業が補完的役割を担うことで、政府の不十分な雇用政策を助長する危険性があること。(2) 関連資源を獲得するのに、政府の助成金に過剰に頼ることで、「制度的同型（institutional isomorphism）」現象に陥る危険性があること。

　つまり、社会的企業の持続可能性と独立性を保つには、政府の財政援助に頼ることのメリットとデメリットを再考する必要があるということである。

4　おわりに——香港と台湾の比較

　香港と台湾における社会的企業の現状を紹介してきたが、その内容を比

較したところ、いくつかの類似点がみえてきた。

まず、両地域とも社会的企業は発展段階にあるが、それに関する世間の認知度が高まってきて、対象者や事業の種類も多様化してきた。

また、両地域とも、失業や貧困問題の解決を社会的企業の主な目的とし、雇用を促進し、社会的な弱者の経済的な自立を促すことを強調している。雇用の機会を作り、就職支援や職業訓練を行うのが、両地域の社会的企業の主な事業内容となっている。さらに、両地域においても、民間のNPOとNGOが社会的企業の主な担い手となっている。

しかし、2つの地域においては、以下の3つの相違点もある。

まず、香港の社会的企業は起業家精神を重視し、"市場志向"が強い。市場で生き残るために、ビジネス的要素を重要視する。なぜなら、香港社会は市場主義であり、自由競争を重んじるからである。その結果、NPO、NGOだけではなく、産業・経済部門から経営の専門家も社会的企業の運営にかかわることが増えてきた。それに対して台湾は、市民社会、地域開発に対する意識や関心が高く、ビジネス的要素よりも、社会的ミッションを重要視する傾向にある。だから、市民社会志向の取り組みが社会には受け入れられやすい。

第2に、政府の関与のあり方に違いがある。台湾政府は、より積極的に社会的企業を支援している。前出のとおり、障がい者の雇用を増やすため、政府や公的な組織が物品・サービスを調達する場合、障がい者を雇用している社会的企業から優先的に購入するよう法令を発布した。政府は資金の提供だけでなく、自身が社会的企業の主要な顧客になることで社会的企業を支援している。一方、香港政庁には、市場や経済活動への介入を最低限にしようとする原則がある。政府の主な支援は、助成金制度による資金提供である。

第3に、香港では、社会的弱者や失業者の雇用を増やすWISEが社会的企業の主流になっているのに対し、台湾では、WISE以外に、地域活性化を図るためのコミュニティー・ビジネスや環境保護など、多岐に渡るタイプの社会的企業が急増し、社会的企業の多様化が進んでいる。

このように、香港でも台湾でも、社会的企業は社会問題を解決するため

の方法として期待されてきた。この20年間、その期待に一定程度応えてきたといえるだろう。今後はさらなる展開が必要だが、新しい社会的価値の創出や複雑化していく社会問題に対応できるソーシャル・イノベーションを促すために、社会的企業は役立つと思われる。

　台湾と香港は地理的に近く、同じ中華系文化圏にあるが、それぞれの社会的・経済的な歴史的背景や政府の方針・政策の違いによって、社会的企業の発展も異なる。社会的企業の発展は、その地域の社会的・経済的・歴史的要因と深く関連していることがわかる。

注

(1)　香港民政事務局
　　　〈http://www.social-enterprises.gov.hk/en/introduction/policy.html〉
(2)　香港民政事務局
　　　〈http://www.social-enterprises.gov.hk/en/introduction/whatis.html〉
(3)　Hong Kong Social Enterprises Development with Best Practice Highlights from
　　　〈http://www.socialenterprises.gov.hk/file_manager/pdf/Annex_G_Booklet_HK_Social_Entrepreneurship_Development_Best_Practices.pdf〉
(4)　SEBC のホームページ
　　　〈https://socialenterprise.org.hk/en/content/se-faq〉
(5)　Rejoice Community Supported Agriculture Group の関連記事
　　　〈http://en.seinsights.asia/2017/02/13/rejoice-community-supported-agriculture-group/〉
(6)　Rejoice Bakery のホームページ
　　　〈http://naturallybread.yam.org.tw/〉

【参考文献】

Au, K., Yuen, T. & Tam, J., "Social enterprise development in Hong Kong" in Y. Chandra and L. Wong (Eds.) *Social Entrepreneurship in the Greater China Region –Policy and cases*, Routledge, pp. 19-29, 2016.

Chan, K.T., Kuan, Y. Y. and Wang, S.T., "Similarities and divergences: comparison of social enterprises in Hong Kong and Taiwan." *Social Enterprise Journal*, 7 (1), pp. 33-49, 2011.

Chen, J.H. & Lee, J.R., "Social entrepreneurship in Taiwan: Opportunities and challenges" in Y. Chandra and L. Wong (Eds.) *Social Entrepreneurship in the Greater China Region –Policy and cases*, pp. 90–108, 2016.

Defourny, J. & Kim, S.Y., "Emerging models of social enterprise in Eastern Asia: a cross country analysis." *Social Enterprise Journal*, 7 (1), pp. 86–111, 2011.

Han, I. & Hou, S. T., *Social Innovation and Business in Taiwan*, Palgrave Macmillan, 2016.

Ho, A.P.Y. & Chan, K.T., "The social impact of work-integration social enterprise in Hong Kong." *International Social Work*, 53 (1), pp. 33–45, 2010.

Kuan, Y.Y. & Chan, K.T. & Wang, S.T., "The governance of social enterprise in Taiwan and Hong Kong: a comparison." *Journal of Asian Public Policy*, 4 (2), pp. 149–170, 2011.

Kuan, Y.Y. & Wang, S.T. , "Public policy measures and promotion of social enterprises in Taiwan" in Y. Chandra and L. Wong (Eds.) *Social Entrepreneurship in the Greater China Region –Policy and cases*, Routledge, pp. 72–89, 2016.

Lauretta, R., Nakagawa, S. & Sakurai, M., "Japanese social enterprises: major contemporary issues and key challenges." *Social Enterprise Journal*, 7 (1), pp. 50–68, 2011.

Lee, E. W. Y., "The Politics of Welfare Developmentalism in Hong Kong" in Kwon, H.J. (Ed.) *Transforming the Developmental Welfare State in East Asia*, Palgrave Macmillan, pp. 118–139, 2005.

Lee, J.C.Y., "Social innovation and entrepreneurship in Hong Kong" in Y. Chandra and L Wong (Eds.) *Social Entrepreneurship in the Greater China Region –Policy and cases*, Routledge, pp. 31–51, 2016.

Sharif, N., "Facilitating and Promoting Innovative Entrepreneurship in Hong Kong: Theory and Practice." Canadian *Journal of Administrative Sciences*, 29 (2), pp. 139–153, 2012.

社企流　Social Enterprise Insights.『社企力：社會企業＝翻轉世界的變革力量。用愛創業，做好事又能獲利！』果力文化，2014.

Yuen, T.Y.K., "Unleashing social innovation for social economy: experience of social enterprise development in Hong Kong." *China Journal of Social Work*, 4 (3), pp. 217–233, 2011.

第III部 実践編

社会起業のプロセス

第8章

社会起業のテイクオフ

機会の発見から社会起業の創出へ

1　機会の発見

　本研究の目的は、2015年に大熊研究室(桜美林大学)と長野県とSBC信越放送から誕生した社会的事業(産学官連携事業)、「長野でかがやく農業女子応援事業」における地域活性化情報誌の企画・出版(写真8-1)と、2015年8月に実施したイベント「農業女子ナチュラルSTYLEトーク＆カフェ～水と土と光と暮らす」(写真8-2)と、9月に実施した「農業女子ナチュラルSTYLEバスツアー」(写真8-3)の地域活性化事業を考察することである。

　この事業は、社会的問題となっている少子化対策として、長野県が都会に住む若い女性の就農や移住を促進するため、県内の若い農業女性(農業女子)が長野県の農業・農村の魅力を発信する「長野でかがやく農業女子応援事業」の実施企画を、具体的に事業に必要

写真 8-1

協力：桜美林大学　大熊研究室

130　第Ⅲ部　実践編　社会起業のプロセス

写真 8-2　　　　　　　写真 8-3

制作：桜美林大学　大熊研究室　　　制作：桜美林大学　大熊研究室

な各種イベントの企画運営やパンフレット作成をする業者を、プロポーザル（企画提案）方式により募集した事業である。社会的問題をビジネスの手法で解決するために、公募対象は NPO 法人や社会起業等も対象にしていた。6社の社会起業が参加したプロポーザルではあったが、結果的に大熊研究室と SBC 信越放送の連携組織が採用された事業である（以後、この組織を「新しい組織」とする）。

「新しい組織」の具体的なプレゼン内容は、この事業を長野県内の若い農業女性（農業女子）の存在と農村の暮らし良さ・農業の魅力を発信し、新規就農者の増加を図るため、地域活性化情報誌（パンフレット）の作成、フォーラムやバスツアーを開催する企画を提案した。

ここに、本事業のテイクオフ、機会の発見がある。本章では、この「長野でかがやく農業女子応援事業」を対象にして、筆者がこれまで研究を続けてきた、全国 160 のまちづくり、地域商業活性化事業事例と比較しながら、地域活性化事業を推進する主成員が形成する「新しい組織」の発展を媒介として、活性化が推進していくという形成プロセスと要因、地域活性化事業組織のガバナンスにより誕生した、「新しい組織」を明らかにしていく。

2 社会起業の背景（産学官連携事業）

2011年4月に桜美林大学に着任した筆者は、地域連携の担当教員を拝命した。にこにこ星ふちのべ商店街協同組合が実施する地域活性化事業で「キラキラふちのベストリート☆」（地域活性化情報誌）の企画、出版や[(2)]、2012年に桜美林大学と長野市、長野市の地元企業よる産学官連携事業から誕生した、震災復興支援事業「携帯ストラップべあんず」の企画・生産、販売と、2013年に企画・生産、販売された、「べあんずキャラメル」の、ゆるキャラコンテンツビジネスによる地域活性化事業等を企画、実践をしてきた[(3)]。桜美林大学と長野市、長野市地元企業との連携事業の取り組みを研究対象としながら、ゆるキャラコンテンツビジネスが社会的事業の実践的な教育が及ぼす可能性と影響力についても考察を重ねてきた。特にゆるキャラコンテンツビジネスでは、学生が企画した震災復興商品「携帯ストラップべあんず」の売り上げから、30万円を長野県栄村に寄付することができた。

3 「長野でかがやく農業女子応援事業」の取り組みと活性化事業事例

「長野でかがやく農業女子応援事業」の取り組みについて、2015年2月14日にSBC信越放送O氏（担当）からの電話相談、連携依頼（以降、参与観察が始まる）。19日にSBC担当者が大学に来校されての説明、O氏との会話（インタビュー）。3月10日に実施された「長野でかがやく農業女子応援事業プロポーザル」における参与観察とSBC信越放送のS氏（O氏の上司）との会話（インタビュー）、長野県担当者H氏との会話（インタビュー等）。地域活性化情報誌の取材時におけるO氏、S氏、H氏へのインタビュー。イベント「農業女子ナチュラルSTYLEトーク＆カフェ〜水と土と光と暮らす」の打ち合わせ、本番当日のO氏との会話（インタ

ビュー）。「農業女子ナチュラル STYLE バスツアー」の本番当日の S 氏、O 氏、H 氏との会話（インタビュー）と、9 回のオープン・エンドのインタビューを基に論述する。その際、これまでの研究成果から考察された、「新しい組織」における形成プロセス（大熊 2009）の一般化を試みる。

　長野県農政部農村振興課は、長野県の人口の減少や農業人口の現象、農業従事者の高齢化、農業規模の縮小、弱体化に危機感を持っていた。

　① **何かしらの危機感ないしは深刻な問題が存在する。**

「長野でかがやく農業女子応援事業」のプロポーザル公募に、SBC 信越放送が応募することを決め、栄村に 30 万円の寄付をした社会起業実績のある大熊ゼミに着目をした。社内でコンセンサスを得て、2015 年 2 月 19 日に桜美林大学にてオリエンテーションを行った。

　② **連絡を取り合った人々の集団ないしネットワークが、一同に会し話し合いが行われる。**

SBC 信越放送、大学関係者らとの会合が進み、企画提案プレゼンテーションの内容に沿った予算の実践方法までの打ち合わせが行なわれた（3 月 10 日）。

　③ **このネットワークないしはその主成員たちが、問題をより明確に定義し話し合い、解決に向けてまとまる。**

SBC 信越放送は学生と地域活性化情報誌の出版に向けて検討を重ねていった。デザイン、出版、印刷等に関しては M 社に、バスツアーに関しては、N 社（観光会社）にアウトソーシングをした。

　④ **このネットワークは、地域農業活性化事業の懸案事項に関心を持つ、他の人々とも連結する。**

地域活性化情報誌の出版が成功すると(7 月に出版)、2015 年 8 月に実施するイベント「農業女子ナチュラル STYLE トーク＆カフェ〜水と土と光と暮らす」に向けて、学生、地域関係者、イベント関係者らによる新しい活性化事業について考えていく機会が増えた。

　⑤ **ネットワークとその利用者は、懸案事項に関して何かしらの結果（成功）をおさめ、必要とあれば、さらに他の組織との連携を考え始め**

る。

「イベント」の実践に向けて、長野県関係者、SBC 信越放送、大学教員、学生、野菜ソムリエ、外部アドバイザー等で、プロジェクトチーム発足させ活動を本格的に始めた。

⑥　そのネットワークと他の人は、既存の組織ないしは個々の成員から、組織内外に常設の委員会、ないし「新しい組織」を設置する。

「学生のテレビ、ラジオ出演」「地域活性化情報誌の刊行」「大学、レストラン、園芸店等へのチラシの配布」等の、戦略を企画し「イベント」の成功を目指す。

⑦　新しい組織は、その関係者に協力を要請したり、あるいは関係各位にサービスを提供したりして（あるいは両方の活動を通じて）、問題解決を成し遂げるための戦略を進化させていく。

「新しい組織」は、他大学との連携、イベント等を実施するために、農業界地図 Agri-map の協力、外部アドバイザーとの連携を図りながら、活性化事業の方向性の検討を始める。

⑧　新しい組織は、コミュニティの他の懸案事項にも着手するようになり、協調、キャンペーン等から組織基盤を発展させる。

「新しい組織」の運営を組織化するため、メール連絡の一元化等を実行し、それぞれの担当セクションをいかにして盛り上げていくか、長野県とSBC 放送、地域の住民と学生が一体となって取り組むようになる。

⑨　新たな参加者はより効率的になるように学習し効率化（システム化）される。

地域活性化情報誌の企画・出版と、「イベント」と「バスツアー」の社会的事業の成功によって、連携をした各組織、成員の間で新たなコミュニケーション能力が醸成されていく。

⑩　新しい組織内または地域住民に対するコミュニケーションが形成されていく。

2016 年度には、「新しい組織」による組織学習の結果、長野県小川村が公募した、「女性を対象としたコミュニティ・スモール・ビジネスの集積と移住促進事業」の業務委託プロポーザルに応募し、新たな社会問題解決の

134　第Ⅲ部　実践編　社会起業のプロセス

取り組みが始まる。

⑪　**安定した収入源が、企画・開発される。**

「新しい組織」はその運営のために、信州大学関係者、おやき研究所や
NPO 法人等の他の組織とのネットワークを深め連携していく。

⑫　**新しい組織は、他の組織とネットワーク化して、連携を形成する。**

このように、「長野でかがやく農業女子応援事業」における地域活性化事
業の形成プロセスを記述してみると、大熊がまちづくり、地域活性化事業
の研究で論述している形成プロセスの一般化（大熊 2009）と符合する（表
8-1）。

表 8-1

	形成プロセス
①	何かしらの危機感ないしは深刻な問題が存在する。
②	連絡を取り合った人々の集団ないしネットワークが、一同に会し話し合いが行われる。
③	このネットワークないしはその主成員たちが、問題をより明確に定義し話し合い、解決に向けてまとまる。
④	このネットワークは、地域農業活性化事業の懸案事項に関心を持つ、他の人びととも連結する。
⑤	ネットワークとその利用者は、懸案事項に関して何かしらの結果（成功）をおさめ、必要とあれば、さらに他の組織との連携を考え始める。
⑥	そのネットワークと他の人は、既存の組織ないしは個々の成員から、組織内外に常設の委員会、ないし「新しい組織」を設置する。
⑦	新しい組織は、その関係者に協力を要請したり、あるいは関係各位にサービスを提供したりして（あるいは両方の活動を通じて）、問題解決を成し遂げるための戦略を進化させていく。
⑧	新しい組織は、コミュニティの他の懸案事項にも着手するようになり、協調、キャンペーン等から組織基盤を発展させる。
⑨	新たな参加者はより効率的になるように学習し効率化（システム化）される。
⑩	新しい組織内または地域住民に対するコミュニケーションが形成されていく。
⑪	安定した収入源が、企画・開発される。
⑫	新しい組織は、他の組織とネットワーク化して、連携を形成する。

出所：著者作成

4 理論的背景（先行研究のレビュー）

　本研究の焦点となるのは地域活性化事業が、なぜ地域活性化組織内部で行われずに、「新しい組織」を誕生させるのかというファクトである。主成員が新たなパートナーとの相互作用を通じて、活性化事業を実現する新しい知識や、アイデアを獲得し、さらに活性化事業を誕生、生成、発展させていくことを説明するために、「新しい組織」という概念を導入して論じる。

　E・M・ロジャース（1985 年、宇野義康・濱田とも子訳）によれば、組織内の変動の多くは、組織の環境が変動したために起きている。だから、組織が革新的であるためには、システムにある程度の開放性（openness）があり、環境とインフォメーション交換を行う必要がある。したがって環境に対する開放性は、組織のイノベーションを促進するという。

　まちづくり、商店街の先行研究で福田（2010）は、まちづくりは商業機能を強化するとともに地域社会の課題やニーズを探り、地域資源を活かしたまちづくりを関係者との協働により進めることが期待される。まちづくりは内部組織における資源の限界に直面する厳しい状況にあるが、外部組織のネットワークのあり方についても直視すべき時期にあるという。そのうえで、何よりも商店街はメンバーの異質性・多義性を認識し、内部組織と外部組織の二面性から組織間ネットワークを構築していくことの意義を個店に啓発することが課題であるが、現在まで商店街組織と外部組織との連携に関する研究は、いまだ少ないことを主張している（福田 2009）。

　角谷（2009）もまちづくり、商業集積としてのまちづくりは組織の主体的な活動によって変化し形成されると考えられてきたため、商業集積の発展における商店街組織以外の組織およびその活動についての理論的な研究の蓄積は乏しいと主張している。

　このように、活性化事業組織は先行研究においても、組織としてとらえた「組織論」「組織間関係論」「ネットワーク組織論」などからのアプロー

136　第Ⅲ部　実践編　社会起業のプロセス

チがたいへん注目されつつある。だが、地域活性化事業における活性化組織と組織以外の組織とのネットワークについて、正面から応えられる先行研究は非常に少ない。

　ここに本研究は、既存の先行研究にはない視点からのアプローチでもあり、アカデミックな視点からも貢献できるものと考えている理由がある。

5　社会起業と「新しい組織」の関係性の発展[4]

（1）社会問題解決の動機づけ変容

　社会問題解決において、何らかの危機感ないし深刻な問題が存在するという動機づけがあると、「新しい組織」の誕生をもたらす契機となる。これは、160事例のまちづくり活性化事例のタクソノミーの比較分析の中から、十分に効果があり、継続性がある活性化事例として、30事例の現地ヒアリング調査の結果から生まれた、形成プロセスの①段階である。しかしながら、「新しい組織」が生成、進化、発展していく段階で、新たな懸案事項にも着手するようになり、新たな危機感、問題意識へと発展し変容している場合もある。

　たとえば、高山市商店街連合会（岐阜県）では、

　　〈コメント〉
　　平成11年と14年商店街の商店数比較調査によると1割の減少と空き店舗率が7.7％から9.2％までに上昇していたんです。そんな調査分析を商店街の会合で話し合っているうちに、空き店舗を活用して、子ども連れの母親が気軽に立ち寄れる子育て支援コミュニティ施設を創ろうと考え、平成15年1月に高山市の協力により、『まちひとぷら座かんかこかん』を設置したんです。（中略）2階の『まちづくり広場』の活動が発展して、地域と人との関係を育むことを目的に、商店街のネットワークや仕組みづくり、協同事業などの企画提案を行うように

なりました。

このように、商店数の減少と空き店舗率の上昇という危機感ないし深刻な問題が発生し、解決していくという形成プロセスのなかで成功を収めると（「まちひとぷら座かんかこかん」の設置）、新たな危機感、問題意識から、新たな懸案事項にも着手するようになる。主成員（コスモポリタン）たちの動機づけの変容が見て取れる。

(2) 社会起業の主成員のネットワーキング

本章を通して、「新しい組織」の誕生、生成、発展という形成プロセスを展開した社会起業による地域活性化事業は、衰退した地域の切迫した需要、必要性に対応した結果の産物であったと指摘することもできる。しかし、それは地域の切迫した需要、必要性だけが発展した要因として説明できるわけではない。何故「新しい組織」が誕生したのかという視点が抜け落ちているからである。活性化事業の共通した形成プロセスのファクトは持続的な動機づけが必要であるが、動機づけの変容などは、すでに本章で分析した。そこでは、それぞれの地域活性化事業がどのように生じたかという動機づけと時系列的な流れが明らかになった。

(3) 社会起業のネットワーキングと「新しい組織」

「新しい組織」を誕生させる社会起業の主成員（コスモポリタン）たちは、どのような状況のなかで、ネットワークを模索し、人と出会い、スタートアップが動機づけられていったのであろうか。

ここにネットワークという概念を持ち込むと、新たな組織の生成を可能にする環境は、インフラや制度的な物理的な環境ではなく、むしろ「外部の経営資源との結合の可能性が高い関係性」と考えられる（Aldrich & Zimmer 1986）。

スタートアップ時における第三者からの支援に着目すると、主成員が活

性化事業を推進するにあたり、「新しい組織」を誕生させるには、危機感や問題意識を共通にした主成員（コスモポリタン）たち、もしくは協力者たちと出会い、社会的問題解決に向けた話し合いが成されるのかという、主成員たちのネットワークの能力が重要な分析対象となってくる。

　Monsted（1995）はネットワークの特徴を理解するために、二者間の関係性のダイナミズムを描き出す方法と蜘蛛の巣状の構造を外部から把握する方法の2つの分析視角を提示しているが、主成員のネットワークを明らかにするうえで、本稿が分析の対象とするのは、主成員という行為者が持つ求心的なネットワークであり、特にスタートアップ時のプロセスにおいて重要になってくる人的な経営資源のアクセス網を意味している（Johannisson 2000）。

　ロレンツォーニ（Boari, Grandi, Lorenzoni 1992）は、組織と組織に所属する個人のネットワークが持つ性質的な違いを分析し、ネットワークの概念的な規定として、①組織の対外的なネットワーク、②組織内部の対人ネットワーク、③一般的な個人間のネットワークの3つに分類し、理論的な枠組みを示唆している。このことは、主成員のネットワークに置き換えると、フォーマルなネットワークとインフォーマルなネットワークに分類される。

　グラノベッター（1982）は、社会的ネットワーク理論のなかで、「弱連結の強み（strength of weak ties）」のパラドクスを論じている。弱連結は、思いがけない情報や資源、意外な発想や知恵をもたらすという点では、強連結よりも強力である。これは、弱い緩やかなつながりが（「新しい組織」）、強みを持っているというパラドクスである（金井 1994）。

（4）社会起業組織の対外的なネットワーク

　これまで、社会起業、まちづくり、地域活性化事業における形成プロセスを論じるのに、「新しい組織」を誕生させた主成員たちの経営資源へのアクセスについて、ネットワーキングの先行研究を紹介しながら分析を試みてきた。では、具体的に主成員たちがそれぞれの現場で、どのようにネッ

トワークを構築していったのか、筆者が現地訪問調査した 30 活性化事例
から実証分析をしていく。

　大山中央商店街（富山県富山市）は、富山市の中心部まで約 30 分という
距離にある。そのため空き店舗が増え、商店街が地域コミュニティ施設の
核として「よってかれ家」を設立した。その運営に関して、主成員（商工
会担当者）の T 氏が、別の業務で面識のあったボランティアグループ「な
かよし会」に商店街の主成員たちと声をかけたところ、運営協力を受け
「よってかれ家」を利用した高齢者支援事業を行うようになった。

　母体組織（商店街等）の対外的なネットワークによる活性化事業である。

6　発見事実

　これまでの考察から、12 の共通する組織形成プロセスを明らかにし
た。社会起業組織は、活性化活動が成熟化するにつれて、制度化された既
存のまちづくり、活性化事業組織ではない「新しい組織」を結成し新たな
発展へ向けての活動を展開するという形成プロセスを導き出した。

　また、「新しい組織」が活性化事業を行う形成プロセスを、主成員の行為
がもたらす影響力という観点から分析をするためには、行為主体としての
主成員という視点が不可欠であった。それは、主成員の意図によって次の
活性化事業の発展へと繋がっていくのかどうかということが、主成員によ
る形成プロセスのメカニズムを明らかにするうえで、最も重要な点である
からである。この調査と分析を行った結果、次に挙げることが理解でき
た。活性化事業の主成員たちは、自分たちが誕生させた「新しい組織」が、
生成、発展し、新たなネットワークを模索し活性化事業を継続し、新たな
効果を上げていくことなどの期待は事前にしていなかった。そのうえで、
革新的なまちづくり、地域活性化事業組織は自らが抱える課題解決に向け
て新たな連携を模索し、持続発展的な基盤を築き上げようとするのである。

　本研究では、主成員の行為に着目するために、主成員を中心にしたネッ
トワークに焦点を当てながら、母体組織（社会起業、活性化事業組織等）

と主成員との関係というように二者間の関係性について分析を行ってきた。

　主成員たちの自発性に基づいて誕生した「新しい組織」が、生成、発展し、新たなネットワークを模索し活性化事業の効果を上げていくとするならば、その意図にかかわらず、主成員と母体組織（まちづくり、活性化事業組織等）や、ネットワークから得たパートナー等の二者間の関係性の中にさまざまな影響を及ぼす要因がある。この影響力を、動機づけ、経営資源へのアクセスとネットワークの構築という3つの要素に分解した。

7　社会起業の課題と更なるディスカッション

　社会起業による地域活性化は、母体組織での全員参加型活動から、主成員による、「新しい組織」の誕生、生成、発展の展開へと移行する必要性がある。

　母体組織（NPO、商店街、ボランティア）については、共通の危機感や問題意識を持ち、解決するために目標や方向性を持った主成員たちが自発的に参加する「新しい組織」のネットワークを発展、展開していくことが肝要である。また、ネットワークの発展、展開時に、母体組織のヒエラルキーの中に価値観を持つ成員たちは、中立的な無関心を保つ必要がある（Soderling 1999）。筆者が2011年から活性化事業を手掛けた、にこにこ星ふちのべ商店街では、主成員が広げたネットワークに参加した学生のボランティア行為に、中立的な無関心ではない言動がみられた。結果、地域活性化を学ぶ筆者のゼミ生は、地元商店街の活性化活動ではなく、震災復興支援商品の開発に積極的に活動をすることになった。

　社会起業は、地域社会のニーズや課題を探り、地域資源を活かしたまちづくりを関係者との協議によって進めていくことが期待されている。このことは、まさに本研究が論じてきた内容と符合する。多くの母体組織（社会起業等）は、内部組織における諸問題のために、資金の限界に直面するなどの危機的状況にあるが、主成員たちが誕生させる「新しい組織」とその生成、発展、さらにはネットワークのあり方に直視する時期にきている。

注

(1) 「新しい組織」とは、後述する活性化事業の形成プロセスのファクト6「そのネットワークと他の人は、既存の組織ないしは個々の成員から、組織内外に常設の委員会、ないし『新しい組織』を設置する。」を指し、広く利害関係を調整し、地域活性化を推進する主成員の集団ととらえたい。

(2) にこにこ星ふちのべ商店街協同組合が実施する地域活性化事業については（大熊 2017:127-165）に詳しい。

(3) まちづくりのためのゆるキャラコンテンツビジネスについては（大熊 2015:53-90）に詳しい。

(4) 本稿においては、稲垣（2003）の知見を参考にさせてもらった。

【参考文献】

E・M・ロジャース、R・A・ロジャース（宇野義康・浜田とも子訳）『組織コミュニケーション学入門』ブレーン出版、1985年。

稲垣京輔『イタリアの企業化ネットワーク』白桃書房、2003年。

大熊省三「地域商業活性化事業における実証分析 ——活性化推進事業のための組織形成」『第60回全日本能率大会』全日本能率連盟「経済産業省経済産業政策局長賞」受賞、2009年。

———「まちづくりのためのゆるキャラコンテンツビジネス ——地域活性化事業からの視点」『桜美林大学産業研究所年報』第33号、2015年。

———「商店街活性化組織の経営戦略 ——にこにこ星ふちのべ商店街の活性化事例」『商店街機能とまちづくり』創風社、2017年。

金井嘉宏『企業者ネットワーキングの世界 —— MITとボストン近辺の企業者コミュニティの探求』白桃書房、1994年。

角谷嘉則『株式会社黒壁の起源とまちづくりの精神』創成社、2009年。

福田敦「外部組織との連携に向けた商店街の組織戦略」『経済系』関東学院大学241集、2009年。

———「外部組織との連携に向けた商店街組織のネットワーク課題 ——自治体による地域連携型支援事業の検証を中心に」『中小企業政策の再検討』日本中小企業学会論集29、2010年。

Aldrich H., Zimmer C. "Entrepreneurship thorough Social Networks" in Sexton D. L,Smilor R. W (Eds.), *The art and science of entrepreneurship, Ballinger, Cambridge,* pp. 3-24, 1986.

Boari C., Grandi A Lorenzoni G, "Le oreganizzazioni a rate:The concetti di base"in Lorenzoni G (Eds), *Accordi reti e vantaggio competitivo, Etas Libri Milano*, 1992.

Granovetter, Mark. S "Strength of weak ties: A network theory revisited" in Peter V. Marsden and Nan Lin (eds.), *Social Structure and Network Analysis*: pp. 105-130. Beverly Hills, Ca: Sage Publications. 1982.

Johannison B "Networking and Entreprenurial Growth" in Sexton D., Landstorm H. (Eds), *The Blackwell Handbook of Entrepreneurship, Blackwell*, 2000.

Monsted M. "processes and structures of networks: reflections on methodology" *Entrepreneurship & Regional Development. Vol. 7* pp. 193-213, 1995.

Soderling, R. A, Entrepreneurial Spin-offs, The Paper for the ICSB World Conference, *University of Naples 15th June*. 1999.

第9章

社会起業の持続性と社会的インパクト

1 なぜマネジメントが必要なのか

(1) 成長する組織、衰退する組織

　世の中の景気が好調なとき、どんな企業でも高い業績を生み出すことができるのだろうか？　いや、そういうわけではない。倒産の危機に直面する企業は必ず存在する。一方で、景気が悪い状況にもかかわらず、高い業績を上げ、成長を続ける企業も存在する。また、スタートアップから常に成長を続ける企業はほとんどなく、一度や二度、経営危機に陥るものである。実際、日本を代表するトヨタ自動車株式会社でさえ、過去に倒産寸前まで業績が下がった時期があった。創業が西暦578年といわれる日本最古の寺社建築会社金剛組も経営危機を乗り越えて、今も存続し続けている。

　このような状況は、企業に限らず、あらゆる組織に共通していえる。チェスター・バーナードによると、組織とは「2人以上の人々からなる、意識的に調整された諸活動ないし諸力の体系」(Barnard 1938)である。上林他（2016）にしたがってもう少しわかりやすく説明すると、①2人以上の人々が一緒になって活動することで、②意識的な調整がなされており、③一緒に働くメンバーが共通の目的を持って、この目的を達成するために統一的な活動をする、それが組織ということである。つまり、企業（株式

会社）や社会福祉法人、NPO 法人、医療法人、学校法人などあらゆるものが、組織に含まれる。

　組織は、それを取り巻く経営環境（外部環境）から大きく影響を受ける。この変化する外部環境に柔軟に対応できた組織は存続・成長し、柔軟に対応できなかった組織は残念ながら衰退していく。外部環境に柔軟に対応し、組織を持続させていくためには、組織を代表する経営者による組織のマネジメント（management）が必要になる。

(2) マネジメントとは何か

　マネジメントは、「経営」のことであり、経営を体系立てて学問としたものが経営学である。経営学とは、少し難しい表現を使って説明すると「会社内部におけるヒト・モノ・カネ・情報等の経営資源が具体的に結びついて生産をしていく仕組み、あるいはそこから具体的にモノやサービスが消費されていく仕組みなどについて科学的に学ぶこと」（上林他 2016）となる。

　経営資源を有効に機能させるためには、組織をどのような構造にすればよいのかを考え、組織の中で働くメンバーのモチベーションやキャリア、リーダーシップのあり方、人事制度など人的資源管理についても考えなければならない。また、組織の経営資源が業績に貢献しているのかを財務や会計の観点から考える必要もある。モノやサービスが消費されるためには、競争相手に勝たなければならず、そのためには効果的な経営戦略の策定が必要となる。組織は持続するにつれて、その組織に根づく文化が強固なものとなる。時として、この文化が組織の新たな活動や柔軟な行動を阻害することもある。このような課題を解決するために、組織を大きく変革することも必要であろう。これらすべてがマネジメントであり、マネジメントの幅は広い。組織を代表する経営者は、長年の経験や勘だけに頼らず、しっかりとしたマネジメントの考え方を学ぶことによって、組織を存続させていくことができるのである。社会起業を存続させていくためにもマネジメントは必要不可欠なものといえる。

第9章　社会起業の持続性と社会的インパクト　145

(3) 組織を取り巻く経営環境の分析

　マネジメントを考えるうえで外せないステップが、組織を取り巻く経営環境（外部環境）がどのような状況になっているのかを分析することである。外部環境を分析する方法はさまざまあるが、ここでは PEST 分析、3C 分析、SWOT 分析を紹介する。

PEST 分析

　組織は、必ず外部環境の影響を受けるため、外部環境を自社の視点から分析する方法として（嶋口他 2016）、PEST 分析がある。PEST 分析は、P: Politics（政治的要因）、E: Economics（経済的要因）、S: Society（社会的要因）、T: Technology（技術的要因）について分析する。詳細は、下記の表のとおりである。この4つの要因それぞれが個々に組織に対して影響を与える場合もあれば、相互に関連し合い複雑化して影響を与える場合もある。

3C 分析

　3C 分析は、Customer（市場／顧客／消費者）、Competitor（競合他社）、Company（自社）の3つの視点から分析することである。
　市場／顧客／消費者の分析は、主に、市場の動向や顧客／消費者ニーズについての分析である。市場規模やこれまでの顧客／消費者ニーズの変

表 9-1　PEST 分析

政治的要因	規制緩和、消費税の増税、政権交代、など
経済的要因	景気の動向、為替の変動、物価の上昇、消費者ニーズの変化、など
社会的要因	地域独特の文化・慣習、少子高齢化、若者の意識の変化、など
技術的要因	医療技術の進化、IT 革命、など

146　第Ⅲ部　実践編　社会起業のプロセス

化、ニーズに与える影響、商品やサービスの購買決定までのプロセスなど、多角的な観点から分析する。

　競合他社の分析は、競合他社の強みや弱み、経営戦略の策定状況、各商品の市場シェアなど、自社にとって競合他社といえる組織すべてについて把握する必要がある。

　最後に、自社分析は、保有する経営資源の状態（例：自社の強みや弱み）、商品やサービスの市場シェアなどについて分析する。SWOT 分析でいうところの S と W を中心とした分析といえるだろう。3C 分析は、マーケティングにおいて使われることが多い分析フレームワークとなっている。

SWOT 分析

　有名な分析方法が、SWOT 分析である。S: Strength（自社の強み）、W: Weakness（自社の弱み）、O: Opportunity（機会）、T: Threat（脅威）で、S と W が組織内部の分析、O と T が外部環境の分析となっている。近年では、新卒学生が就職活動する際に、就職を希望する企業の SWOT 分析や自分自身に対する SWOT 分析として有効活用している。

　このような分析フレームワークを使って、常に経営環境について分析することが、自社のマネジメントにとって重要となる。たとえば、経営環境を分析することによって、自社の経営戦略を策定しやすくなる。基本戦略として有名なのが、「ポーターの三つの基本戦略」である。これは、ハーバード・ビジネス・スクール教授のマイケル・ポーター氏によって提唱された、長期にわたって平均以上の業績を上げるための戦略で、①コスト・リーダーシップ戦略、②差別化／差異化戦略、③集中戦略の 3 つがある。ハンバーガー業界で考えると、①コスト・リーダーシップ戦略を取るのが、低コストで商品をつくって低価格で商品を売るマクドナルドの戦略、②差別化／差異化戦略を取るのが、食材にこだわって独自性の高い商品を取り揃えるモスバーガーの戦略、③集中戦略は函館発で地域に密着してご当地バーガーを販売するラッキーピエロの戦略ということになる。

(4) 事業ドメインの決定

　自社の組織内部の分析を含め、外部環境を分析することによって、事業ドメインを明確化することもできる。事業ドメイン（domain）は、マネジメントの基盤となるもので、組織の活動領域を表す。ドメインを考えるということは、Who（誰に）、What（何を）、How（どのように）について考えるということであり、組織活動の土台を形成する。

　ドメインを設定することの意義は3点ある（嶋口他 2016）。1つ目は、活動領域が明確になることによって、組織メンバーの意識を集中させることができ、一致団結しやすくなることである。2つ目は、活動するうえでどのような経営資源が必要なのかが明確となり、無駄や非効率さがなくなることである。3つ目は、自社の存在感を組織内外へ向けてアピールできる、ということが挙げられる。

　社会起業のなかには、事業ドメインが明確になっていない組織もあり、このような組織の持続性は期待できるとはいえない。また、社会起業の多くは、規模を拡大することができず、社会への影響力が小さいままに活動している。社会起業のミッションが社会的な課題を解決することにあるならば、小規模な活動は限定された地域のみ効果があり、社会的な課題の根本的な解決には至らず、ミッションをクリアすることはできない。次節では、社会起業が規模を拡大させていくためにはどうすればよいのかを考える。

2　どうすれば規模を拡大できるのか

(1) 成長マトリックス

　組織の成長に対する考え方は多様である。経営資源を多く抱える組織の場合、組織の成長戦略を容易に描くことができる。たとえば、代表的な成

148　第Ⅲ部　実践編　社会起業のプロセス

表9-2　成長マトリックス

		製　品	
		既存	新規
市場	既存	市場浸透戦略	新製品開発戦略
	新規	新市場開拓戦略	多角化戦略

　長戦略の類型として、アンゾフ（H. I. Ansoff）の成長マトリックス（成長
ベクトルともいう）が挙げられる。これは、企業成長の方向性を類型化し
たものである（嶋口他 2016）。表9-2のように、マトリックスで表すこと
ができる。既存の製品を既存の市場で浸透させ、市場シェアの向上を目指
す市場浸透戦略。既存の製品で新しい市場へ進出する新市場開拓戦略。既
存の市場において新しい製品を投入する新製品開発戦略。新しい製品を新
しい市場に投入する多角化戦略。この4つの戦略を取ることによって、企
業は成長すると考えられている。これはあくまで、「市場」と「製品」の2
軸で考えた企業成長のための指針といえる。
　一方、ベンチャー企業のような経営資源が乏しい組織は、上記と同じ成
長戦略を取ることは難しく、大滝他（2016）は意図的な不均衡の創造によっ
てベンチャー企業の成長は実現すると述べている。つまり、組織の特徴に
よって成長戦略は異なるということである。社会起業の場合も、一般的な
企業組織ともベンチャー企業とも特徴は異なる。ここでは、社会起業に特
徴的な成長の戦略についてみていく。

（2）規模拡大のための4つの戦略

　経済的な成功をもとに成長する一般的な企業組織とは異なり、社会起業
は社会的な課題の解決という社会的なインパクトを広げていくことが、成
長の証と考えられる（Heinecke & Mayer 2012）。それでは、どうすれば社
会的なインパクトを広げていくことができるのだろうか。ここでは、社会
的なインパクトを広げていく、つまり社会起業が成長していくための戦略
として、4点挙げて説明する（Heinecke & Mayer, 2012）。

オープン化することによる波及効果（dissemination）

　社会起業によって社会的な課題を解決するために生み出された商品やサービスを、誰もが使えるようにフリーアクセスにするという戦略である。ITの普及にともなって、オープンソースの活用が容易になっているため、比較的活用しやすい戦略といえる。

協力関係を結ぶこと（affiliation）

　1つの組織で社会的な課題を解決しようとしても限界があるので、他の組織にも仲間になってもらい、一緒に社会的な課題を解決していこうとする戦略である。一緒に活動する他の組織とは一種の提携関係で、共通のサービス・プログラムやブランドネームを使って活動する。同じミッションを共有しつつも、緩い関係でつながっている点がポイントである。

支店・分店を増やすこと（branching）

　他の組織と協力関係を結ぶというのではなく、自社で支店や分店を各地につくっていく戦略である。寄付が豊富にあったり、エンジェルを含めた出資者が多く存在したりと、経営資源に余裕がある場合に採用することが可能となる。他の組織との調整がないため、スムーズな運営が可能となる。

ソーシャル・フランチャイジング（social franchising）

　他の組織と協力関係を結ぶaffiliationの形態をより強固なものとしたのが、ソーシャル・フランチャイジングである。フランチャイジングは、フランチャイザーとフランチャイジーとの間でノウハウや知識の移転を行うとともにネットワークからのシナジー効果を得ることで成長が期待できる（Heinecke & Mayer 2012）。このモデルは、ビジネスの現場でよく目にする。たとえば、マクドナルドやセブン・イレブン、吉野家などが挙げら

れ、全国各地に店舗展開する飲食店の多くがフランチャイジング・システムを導入している。このビジネス・フランチャイジングの考え方・原理に基づいて、社会的な課題の解決に応用したのが、ソーシャル・フランチャイジングである。

　ソーシャル・フランチャイジングは、社会やコミュニティの便益を最大化することに努めるという点が、ビジネス・フランチャイジングとは大きく異なり（Alur 2013）、ブランドネームや知識・ノウハウの共有・移転によって、成功モデルを迅速に各地へと広げることが可能となる。

(3) 社会起業の成長を示す具体的事例

ダイアログ・イン・ザ・ダーク（Dialogue in the Dark）

　Volery & Hackl（2010）は、ソーシャル・フランチャイジングの代表的な成功事例として、ダイアログ・イン・ザ・ダーク（DID）を挙げる。

　DID は、1988 年ドイツの哲学者アンドレアス・ハイネッケによってハンブルクで創設された。この組織は、高齢者や問題児、貧困者、失業者などに関する社会的な課題について、社会に広く知ってもらう新しい機会を創り出そうと誕生した。DID は、暗闇のソーシャルエンターテインメント[1]で、視覚障がい者が、参加者（健常者）のグループを暗闇の部屋へと誘導し、そこで参加者はさまざまなシーンを体験する。その結果、参加者はコミュニケーションの大切さや助け合うことによる人の温かさを感じることができ、大きな教育効果を得る。DID の活動目的は、①参加者に視覚障がい者が抱える課題やニーズを理解してもらうこと、②型にはまった見方を払しょくする経験をすること、③視覚障がい者に民間企業で働くための雇用トレーニング機会を提供することである。

　DID は、現在、世界 41 か国以上で開催されており、日本では東京と大阪の会場でこれまで 20 万人以上が体験している[2]。

スワン・ベーカリー

　日本のソーシャル・フランチャイジングとして有名なのが、ヤマトホールディングス株式会社の特例子会社「株式スワン」が中心となって運営するスワン・ベーカリー＆カフェである。障がい者の自立と社会参加の支援を目的として、1993年、宅急便の生みの親である小倉昌男氏によってヤマト福祉財団が設立された。この流れを受け、1998年、スワン・ベーカリー第1号店が銀座にオープンし、株式会社スワンの活動がスタートした。株式会社スワンは、アンデルセンなどを全国展開する株式会社タカキベーカリーと協力関係を結び、共同で独自の冷凍パン生地を開発した。これによって、障がい者が質の高いパンを製造することが可能となり、各店舗は障がい者の自立した雇用の場となっている。

　スワン・ベーカリー＆カフェの数店舗は、株式会社スワンの直営店によって運営されているが、24店舗はフランチャイズ店舗で運営されている[3]。フランチャイズ店舗の運営主体は、社会福祉法人や株式会社など多様である。これまで350名以上の障がい者が、自立と社会参加を果たしている[4]。

3　どのように社会起業を評価するのか

(1) 企業（株式会社）の評価

　ある企業が、優良な株式会社かどうかを判断するためには、どうすればよいだろうか。「優良」の評価軸は多様であり、ひと言で言い表すことは難しいが、わかりやすくいうと株式時価総額という経済的な指標で判断することが可能である。つまり、株式時価総額が高い企業は優良な株式会社だというものである。株式時価総額は「株価×発行株数」で計算することができる。高い利益を出し、今後の成長が期待できる株式会社に対しては、株式市場で高い株価がつく。一方、株式時価総額が高い株式会社であって

も、不祥事が発覚した途端に、株価が下がり、それとともに株式時価総額が下がるという場合はある。このように、株式会社は株式時価総額という指標を使って、優良な企業かどうかを容易に評価することができる。

近年は、利益だけではなく、株式会社の社会貢献性も優良であるかどうかを判断するうえで重要なポイントとなっている。CSR（Corporate Social Responsibility: 企業の社会的責任）への取り組みに注目が集まっているのもそれを表している。CSRへの取り組みに関しては定性的な評価が主となってしまうが、企業活動は社会貢献もセットで行うことが優良企業の条件といえる。

(2) 社会的インパクトへの注目

社会起業のような小さな組織が、社会に対して大きな影響力を与えることは難しい。もちろん、大企業が単独で社会的な課題を解決しようと、社会貢献性の高い事業を展開し、社会を変えることもまた難しい。つまり、どのような組織であったとしても、1つの組織で社会的な課題の解決に取り組むことは難しいというのが、世界共通の認識になっている。そこで、さまざまな組織が集まり、価値を共創することによって社会に好循環を生み出していこうとする社会的インパクトの考え方に注目が集まっている。CSRに代わる新しい概念として提唱されたCSV（Creating Shared Value: 共有価値の創造）とも関連する考え方で、社会的インパクトを実現することによって、組織は持続的に収益を上げることができ、顧客満足度は高く、社会を豊かにすることもできる（玉村他 2014）。

玉村他(2014)は、マーケティングや組織のあり方、個人の働き方によっても社会的インパクトに影響を与えることはできるが、最も重要なのは、社会のつながりをつくることによって、価値を共創し、社会的インパクトを強めていくことであると指摘する。社会的インパクトの日本の具体的な事例としては、行政と民間企業が市民の価値を共創して新たなビジネスモデルの構築に取り組む武雄市図書館や、地域社会の課題を行政とともにパブリックサービス市場を創造することで解決するヤマトホールディングス

のプロジェクト G が挙げられる（玉村他 2014）。

（3）社会的インパクト・ボンドの活用

　株式会社の社会貢献性や社会起業の活動など、定量的な評価は難しい。特に社会起業への注目が高まるなか、社会起業の活動に対する社会的な価値の測定について、これまで数多くの議論がなされ、さまざまな測定方法が提案されてきた。たとえば、代表的な測定方法として、費用便益分析や付加価値評価、社会的インパクトに対する評価などが挙げられる。

　社会的インパクトに対する評価としては、ソーシャルインパクト・ボンド（SIB: Social Impact Bond）への関心が高まっている。SIB は、2010 年にイギリスで生み出された公民連携の社会的投資モデルで、アメリカなど多くの国々で関心が高まり、日本でも経済産業省主導で実験的な試みがなされている。SIB に関しては、概念や考え方について世界でコンセンサスが取れているわけではなく、今後さらなる発展が期待できるところである。このような中、塚本・金子（2016）は SIB を「アウトカムの達成水準に比例して生じる社会的便益を定量化・貨幣化した計算手法と、それらの便益に応じた投資家への支払方式をあらかじめ約定した政府と民間との間の一連の契約」ととらえる。実際、ホームレスの社会復帰や、介護サービスの提供などにおいて、SIB が実施されている。

　社会的なコストの削減へ寄与するとともに、社会的な課題の解決など、社会的な成果を実現できるモデルとして、SIB には大きな期待が寄せられている。

注

(1)　ダイアログ・イン・ザ・ダークのホームページ
　　http://www.dialoginthedark.com/did/（検索日 2017 年 11 月 28 日）。
(2)　ダイアログ・イン・ザ・ダークのホームページ
　　http://www.dialoginthedark.com/did/（検索日 2017 年 11 月 28 日）。
(3)　株式会社スワンのホームページ
　　http://www.swanbakery.co.jp/corporate/（検索日 2017 年 11 月 28 日）。

(4) 株式会社スワンのホームページ
http://www.swanbakery.co.jp/corporate/（検索日 2017 年 11 月 28 日）。

【参考文献】

上林憲雄・奥林康司・團泰雄・開本浩矢・森田雅也・竹林明『経験から学ぶ経
　　営学入門』有斐閣ブックス、2007 年。
大滝精一・金井一頼・山田英夫・岩田智『経営戦略（第 3 版）』有斐閣アルマ、
　　2016 年。
嶋口充輝・内田和成・黒岩健一郎『1 からの戦略論（第 2 版）』碩学舎、2016
　　年。
玉村雅敏・横田浩一・上木原弘修・池本修悟『ソーシャルインパクト ——価値
　　共創（CSV）が企業・ビジネス・働き方を変える』産学社、2014 年。
塚本一郎・金子郁容『ソーシャルインパクト・ボンドとは何か ——ファイナン
　　スによる社会イノベーションの可能性』ミネルヴァ書房、2016 年。

Alur, S., Social franchising. In C. Wankel, & L. E. Pate. (Eds.), *Social
　　entrepreneurship as a catalyst for social change.* Charlotte, NC, USA:
　　Information Age Publishing, pp. 411-423, 2013.
Heinecke, A. & J. Mayer, "Strategies for scaling in social entrepreneurship" in C.
　　K. Volkmann, K. O. Tokarski, & K. Ernst (eds.)., *Social Entrepreneurship
　　and Social Business: An Introduction and Discussion with Case Studies.*
　　Springer Gabler, pp. 191-209, 2012.
Volery, T. & V. Hackl. "The promise of social franchising as a model to
　　achieve social goals" in A. Fayolle, & H. Matlay (eds.), *Handbook of
　　research on social entrepreneurship.* Cheltenham, UK: Edward Elgar,
　　pp. 157-181, 2010.

お わ り に

　本書を読み終えた今、皆さんはどんな想いであろうか。社会起業の魅力に引きつけられ、社会起業家を目指そうと決意しただろうか。それとも、あまりの大変さに怖気づいてしまっただろうか。本書の中で紹介された事例を見ると、それぞれの団体を立ち上げた人は魅力的で、すごく有能にみえ、自分はとてもそんな人になれないと思うかもしれない。また、本書に登場する社会的企業の有するソーシャルイノベーションは、とても自分には思いつくことはできないと思ってしまうかもしれない。また、本書で書かれている社会起業の理論やプロセスが難しそうに映るかもしれない。確かに 20 歳前後の読者の皆さんの中には圧倒されてしまう人がいても不思議ではない。だけど、心配したり、怖気づいたり、諦めてしまう必要はないと思う。誰も最初から立派な社会起業家になんてなれないし、すべての人が社会起業家を目指す必要はないのだから。

　序章にも書いたように、この世の中には残念なことに、たくさんの社会問題や社会的な課題が存在する。それはどこか遠い世界の話でもないし、テレビの中だけのことでもない。自分のすぐ身近には、いじめ、ネット犯罪、ブラックバイト、ハラスメントといった問題があるし、最初にふれたように途上国の貧困問題も実は私たちの消費行動が影響している。そんな社会に住んでいながら、自分の意識のなかで社会問題に蓋をして無視し、自分や自分の家族の幸せだけを考える人生を歩みたいだろうか。是非、アンテナをはって、自分が Compassion を感じられる社会問題を見いだしてほしいと思う。その社会的な課題の解決には、必ずしもすべての人が社会的企業を立ち上げる必要はない。ボランティア活動として、あるいは行政・ＮＰＯ・既存の社会的企業・福祉機関・国際機関などの職員としてだって取り組めるのである。だから必要なことは、学生時代にアンテナをはって幅広い視野（Comprehensiveness）を持ち、Compassion を感じる社会問題を見いだすことである。ちっぽけな自分 1 人では、社会なんて変えられないと思うかもしれない。でも、みんながそうした想いをもてば、確実に

世界は変わっていく。私たちはそう信じている。元ビートルズのジョン・レノンが『イマジン』という曲の中で、「君たちは僕を夢想家というかしれない。でも、僕一人だけじゃない。いつか君たちみんなも加われば、世界はひとつになれるんだ」と歌っているように。

2018 年 2 月

武田　丈

IMAGINE
Words and Music by John Lennon
© by LENONO MUSIC
Permission granted by FUJIPACIFIC MUSIC INC.
Authorized for sale in Japan only.

日本音楽著作権協会（出）許諾第 1802641-801

索　引

アルファベット

AI　74, 78
Compassion（人への思いやり）　14,
　　15, 16, 18, 155
Competence（高度な問題解決能力）
　　14, 16
Comprehensiveness（幅広い視野）
　　14, 16, 155
CSR　18
IoT　74
NGO　18
NPO　17, 18, 24, 27, 155

かな

あ

ICT（情報通信技術）　73, 76
ICT 化　71, 73, 74
ICT 機器　76
新しい公共　37
「新しい組織」　130, 132, 133, 135,
　　136, 137
アファーマティブ事業　121
生きがい　96, 97, 102, 103, 105, 107
イノベーション　24
インターネット　73, 74
営利企業　24, 27, 31, 32, 42
NPO 法人いけま福祉支援センター
　　99, 100, 101, 105
愛媛マンダリンパイレーツ　91
大きな政府　25
音声認識　74

音声認識技術　78

か

外国人支援　14
介護保険　25, 95, 98, 99, 106
開発途上国　11, 15
革新性　47
家族機能　24, 26
価値連鎖（Value Chain）　121
ガバナンス　6
環境破壊　11
起業ガバナンス　5
虐待防止　24
旧約聖書　28, 32
行政　155
行政サービス　47
共同体　23, 24, 28, 32
近代合理主義　32
クラウドファンディング　77
グラミン銀行　31
経営資源　144, 146, 147, 148, 149
経済格差　11
小泉純一郎　25
後期高齢者　72, 73
構造改革　25
公的扶助制度　12
交流・連携　78
高齢者見守り活動　76
コーズ（cause：主義主張）　4
国際機関　155
国民負担　25
国民負担率　28
個人情報　80

コスモポリタン　137, 138
子ども・子育て支援新制度　25
子どもの貧困　27
混合型収入　5

さ

サミュエル記　28
Jリーグ　87, 88
資金調達　77
資源としての情報　75
市場　47
児童保護施設　27
社会関係資本（Social capital）　114
社会起業　10, 13, 14, 17, 18, 35, 43,
　　46, 47, 99, 106, 107, 144, 147, 148,
　　149, 152, 153, 155
社会起業家　10, 17, 38, 155
社会参加　96, 99, 102, 103, 105
社会代替　26
社会的インパクト　152, 153
社会的課題　39, 46, 47
社会的価値（social value）　2, 5
社会的企業（social enterprise）　10,
　　51, 111, 155
社会的企業育成法　60
社会的協同組合　59
社会的投資利益率（Social Return on
　　Investment）　117
社会保険　25
社会問題　9, 10, 14, 16, 17, 18, 155
社会を変革　10, 17
就労機会　96, 105
手段としてのICT　75
障がい者　18
少子高齢化　71, 72, 74
消費税　25
情報化　71, 73, 74
情報の活用　73

情報の共有　78
助成金　12, 18
女性の貧困　28
進歩主義　32
信頼関係　15
スキル　75, 76
ステークホルダー　3
ストリートチルドレン　15
スポーツマネジメント　83, 84
スマートスピーカー　74, 78
生活支援　97, 98, 99, 100, 102, 107
生活保護　25
生産年齢人口　72
制度的同型（institutional isomorphism）
　　122
センサー　76
創世記　32
相対的貧困　24, 27
ソーシャル・アントレプレナーシップ
　　（social entrepreneurship）　51
ソーシャル・イノベーション（social
　　innovation）　13, 16, 18, 51, 124, 155
ソーシャル・インクルージョン　2
ソーシャルインパクト　10
ソーシャル・インパクト・ボンド　56
ソーシャル・エンタープライズUK
　　55
ソーシャル・エンタープライズ・マーク
　　55
ソーシャル・キャピタル　52
ソーシャル・ビジネス　10, 31
ソーシャル・メディア　74, 78

た

地域活性化事業　129, 130, 131, 134,
　　135, 136, 137, 138
地域コミュニティ　100, 106
地域包括ケアシステム　98, 107

小さな政府　25
ティーチ・フォー・アメリカ　53
デジタル・デバイド　80

な

南北格差　11
認知症　96, 98, 104, 105

は

バザリア法　59
発達障害　24
バリア　78
非営利組織　23
非営利組織（Non-Profit Organization）
　118
東日本大震災　30
ビジネスモデル　5, 13
非政府組織（Non-Governmental
　Organization）　113
ビッグデータ　74
貧困の世代間連鎖　27
貧困問題　13
フィフティーン　57
フェアトレード　11, 18
福祉機関　155
プロ野球独立リーグ　83, 88, 90
保育所　24, 27
ホームレス　13
北欧諸国　25
ボランティア　18, 23, 27, 45, 96, 98,
　99, 102, 107, 155

ま

マネジメント　144, 145, 146, 147
ミッション（使命）　15, 17
ムハマド・ユヌス　31

や

湯浅誠　29, 30
要介護高齢者　73, 95, 103
幼稚園　24

ら

労働統合型社会的企業（Work-Integrated
　Social Enterprise）　113
ロバート・オーウェン　62

【編　者】

山本　　隆　　　関西学院大学人間福祉学部教授

武田　　丈　　　関西学院大学人間福祉学部教授

【執筆者一覧】

はじめに		山本　　隆	
序章		武田　　丈	
第Ⅰ部　第1章		小西砂千夫	関西学院大学人間福祉学部・大学院経済学研究科教授
	第2章	竹内　友章	東海大学健康学部助教
	第3章	山本　　隆	
第Ⅱ部　第4章		生田　正幸	関西学院大学人間福祉学部教授
	第5章	林　　直也	関西学院大学人間福祉学部教授
	第6章	澤田有希子	関西学院大学人間福祉学部准教授
	第7章	孫　　　良	関西学院大学人間福祉学部教授
第Ⅲ部　第8章		大熊　省三	関西学院大学人間福祉学部准教授
	第9章	田原　慎介	関西学院大学人間福祉学部助教
おわりに		武田　　丈	

K.G. りぶれっと No. 44

社会起業を学ぶ
社会を変革するしごと

2018 年 5 月 20 日 初版第一刷発行

編　著　山本隆・武田丈

発行者　田中きく代
発行所　関西学院大学出版会
所在地　〒 662-0891
　　　　兵庫県西宮市上ケ原一番町 1-155
電　話　0798-53-7002

印　刷　協和印刷株式会社

©2018 Takashi Yamamoto, Joe Takeda
Printed in Japan by Kwansei Gakuin University Press
ISBN 978-4-86283-259-7
乱丁・落丁本はお取り替えいたします。
本書の全部または一部を無断で複写・複製することを禁じます。

関西学院大学出版会「K・G・りぶれっと」発刊のことば

大学はいうまでもなく、時代の申し子である。

その意味で、大学が生き生きとした活力をいつももっていてほしいというのは、大学を構成するもの達だけではなく、広く一般社会の願いである。

研究、対話の成果である大学内の知的活動を広く社会に評価の場を求める行為が、社会へのさまざまなメッセージとなり、大学の活力のおおきな源泉になりうると信じている。

遅まきながら関西学院大学出版会を立ち上げたのもその一助になりたいためである。

ここに、広く学院内外に執筆者を求め、講義、ゼミ、実習その他授業全般に関する補助教材、あるいは現代社会の諸問題を新たな切り口から解剖した論評などを、できるだけ平易に、かつさまざまな形式によって提供する場を設けることにした。

一冊、四万字を目安として発信されたものが、読み手を通して〈教え─学ぶ〉活動を活性化させ、社会の問題提起となり、時に読み手から発信者への反応を受けて、書き手が応答するなど、「知」の活性化の場となることを期待している。

多くの方々が相互行為としての「大学」をめざして、この場に参加されることを願っている。

二〇〇〇年　四月

ISBN978-4-86283-259-7
C3036 ¥1500E

定価（本体1,500円＋税）

KWANSEI
GAKUIN
UNIVERSITY
PRESS